Cómo hacer presentaciones exitosas

Cómo hacer presentaciones exitosas

Utilice su persuasión

Spring Asher & Wieke Chambers

TRADUCCIÓN:

Ma. del Pilar Carril

PRENTICE HALL HISPANOAMERICANA, S.A.
MÉXICO - NUEVA YORK - BOGOTÁ - LONDRES - SYDNEY
PARÍS - MUNICH - TORONTO - NUEVA DELHI - TOKIO - SINGAPUR
RÍO DE JANEIRO - ZURICH

EDICIÓN EN ESPAÑOL:

DIRECTOR DE MERCADOTECNIA:	MOISÉS PÉREZ ZAVALA
GERENTE DIVISIÓN COMPUTACIÓN Y NEGOCIOS:	FRANCISCO J. DELGADO RODRÍGUEZ
GERENTE EDITORIAL:	MARICELA VILLAGÓMEZ ESTRADA
EDITOR DIVISIÓN NEGOCIOS:	CRISTINA TAPIA MONTES DE OCA
GERENTE DE IMPRESIÓN:	ALBERTO SIERRA OCHOA
GERENTE DE EDICIONES:	JUAN ANTONIO RODRÍGUEZ MORENO
SUPERVISOR DE TRADUCCIÓN:	ROCÍO CABAÑAS CHÁVEZ
SUPERVISOR DE PRODUCCIÓN:	JOSÉ D. HERNÁNDEZ GARDUÑO

CÓMO HACER PRESENTACIONES EXITOSAS

Traducido del inglés de la obra: **Wooing & winning business**

Authorized translation from the English Language edition published by John Wiley & Sons, Inc.

All rights reserved. No part of this book may be reproduced or transmitted in any form or by any means, electronic or mechanical, including photocopying recording or by any information storage retrieval system, without permission in writing from the publisher.

Spanish language edition published by
Prentice Hall Hispanoamericana, S.A.
Copyright © 1998

Traducción autorizada de la edición en inglés publicada por: John Wiley & Sons, Inc.
Copyright © 1997 by Chambers and Asher Speechworks

Todos los derechos reservados. Ninguna parte de este libro puede reproducirse o transmitirse bajo ninguna forma o por ningún medio, electrónico ni mecánico, incluyendo fotocopiado y grabación, ni por ningún sistema de almacenamiento y recuperación de información, sin permiso por escrito del editor.

Edición en español publicada por:
Prentice-Hall Hispanoamericana, S.A.
Derechos Reservados © 1998

Calle 4 No. 25, 2° Piso, Fracc. Industrial Alce Blanco
53370 Naucalpan de Juárez, Edo. de México

ISBN 970-17-0062-7

Miembro de la Cámara Nacional de la Industria Editorial, Reg. Núm. 1524
Original English Language Edition Published by John Wiley & Sons, Inc.
Copyright © 1997
All Rights Reserved

ISBN 0-471-14192-5

ENE
LITOGRAFICA INGRAMEX, S.A. DE C.V.
CENTENO NO. 162-1
MEXICO, D.F.
C.P. 09810

5000   1998

Impreso en México / Printed in Mexico

A las familias que nos apoyaron...

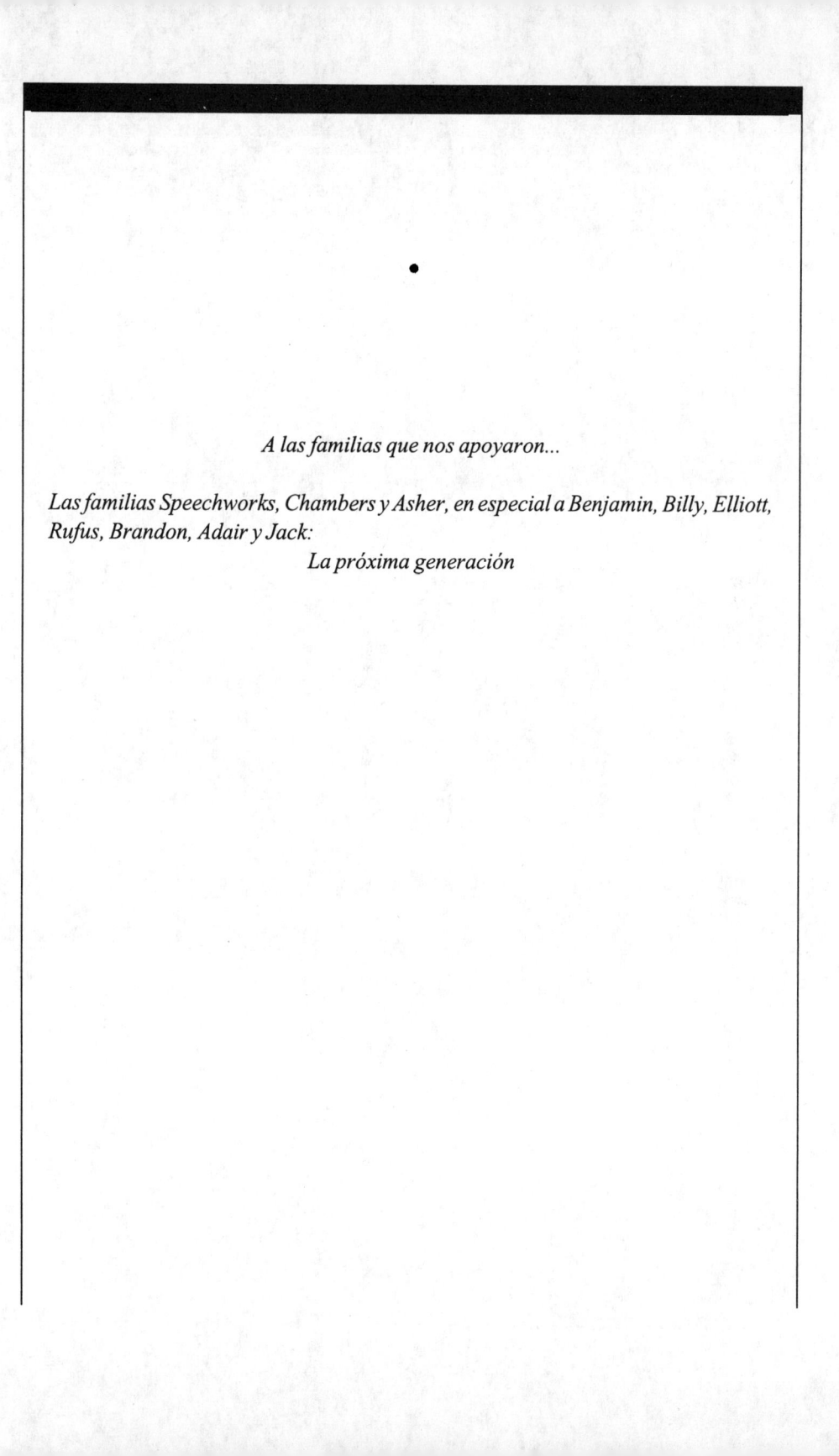

Las familias Speechworks, Chambers y Asher, en especial a Benjamin, Billy, Elliott, Rufus, Brandon, Adair y Jack:
                      La próxima generación

Contenido

Reconocimientos   xiii

Introducción   Cómo hacer presentaciones exitosas   1
  Emociones que cambiarán su vida   4
  Soy sólo una persona común y corriente. ¿Tengo lo que se necesita?   6
  ¿Está loco? Por supuesto, es persuasivo   7
  Claro, es posible *fingir hasta lograr que sea verdad*   7
  Tiene el valor   8
  Cómo usar este libro   8

PARTE 1
CÓMO ATRAER AL CLIENTE   11

1   El asistente de soluciones rápidas para las presentaciones   13
  Cómo organizar la presentación: la fórmula Speechworks   15
  La fórmula Speechworks: presentación muestra   17
  Una sesión con el instructor de Speechworks   18
  El poder de la presentación   21

2   Lo que los entusiasma   23
  Conozca a su oyente   26
  ¿Cómo evaluar a su oyente?   26
  Recapitulación   27

3 La fórmula: cómo llegar al ¡sí, sí, sí! 29

Diga lo que sus escuchas tienen que ganar: reseña preliminar 31
Dígalo: explique un punto e ilústrelo 37
El mensaje debe ser fácil de recordar 42
Transiciones 43
No utilice lenguaje técnico 43
Diga lo que acaba de decir: recapitulación 45
Utilice una anécdota concluyente y después solicite el pedido 46
No puede ser tan sencillo 48
Recapitulación 48

4 Los buenos apoyos visuales, como una fragancia, persisten en el oyente 49

Los apoyos visuales funcionan con los oyentes 52
Los apoyos visuales funcionan en su beneficio 56
Añada chispa a su presentación 57
Práctica, práctica, práctica 62
Recapitulación 64

5 Las mentes inquisitivas quieren saber: manejo de la sesión de preguntas y respuestas 65

Resuelva con anticipación 67
Controle la mecánica de preguntas y respuestas en un grupo grande 70
El lenguaje corporal de un líder 73
Termine con una recapitulación 74
Recapitulación 74

PARTE 2
TODOS LOS MOVIMIENTOS CORRECTOS 75

6 Jamás permita que lo vean sudar 81

Espere sentirse nervioso 84
Sin quejas 84
Transforme el pánico escénico en poder para la presentación
 al poner en práctica estas tres condiciones: preparación, una aptitud física y una actitud mental positiva 85
Recapitulación 88

7   La confianza es atractiva presencia   89
   Transforme su presencia   91
   Salga a bailar a la pista   93
   Al salir del escenario   93
   Qué hacer si está sentado   93
   Ponerse de pie o sentarse, he ahí el dilema   94
   Recapitulación   95

8   Enfréntese: contacto visual y energía facial   97
   Los ojos lo tienen   99
   Concéntrese en un par de ojos   100
   Evite las distracciones comunes visuales   101
   Expresión facial   102
   Recapitulación   103

9   Extienda la mano y toque a alguien: el lenguaje corporal   105

   Evite los ademanes con atracción electrostática   107
   Un pequeño paso   109
   Recurra al esfuerzo físico   109
   Recapitulación   110

10   No es lo que dice, sino la forma en que lo dice   111
   Añada emoción a su presentación   113
   Cambie el ritmo   114
   ¡Arriba la potencia!   115
   La voz - es eso que se refiere al género   115
   Use un tono de conversación   116
   Hágase oír según sea su intención   117
   ¿Qué quiere hacer *qué*? Inflexión   117
   Realice ejercicios aeróbicos con los labios: articule   118
   Ejercicio 1: utilice una grabadora de cintas   118
   Ejercicio 2: baje el tono de voz   118
   El poder de la voz   119
   Recapitulación   119

11   La pausa que impresiona   121
   Nadie habla demasiado aprisa   124
   Ejercicios para alcanzar el poder de la pausa   125

Haga una pausa para permitir que sus oyentes lo alcancen   126
Haga una pausa para ocultar el nerviosismo   126
Haga una pausa para eliminar las muletillas   126
Haga una pausa para destacar los puntos de vista   127
El beneficio de la pausa   127
Recapitulación   128

12 Elimine las distracciones   131
Distracciones físicas   131
Distracciones verbales   132
Distracciones psicológicas   132
Recapitulación   133

13 Fue uno de esos momentos eléctricos: los micrófonos   135
Apártese   137
Que no lo atrapen amplificando una voz insignificante
   y amortiguada   138
Recapitulación   139

14 Vamos a hacerlo de nuevo hasta que salga bien   141
Luces, acción, ejercicio ante la cámara   144
Ejercicio para la postura: vídeo   144
Ejercicio facial   145
Ejercicio de contacto visual: vídeo   146
Ademanes y movimiento: vídeo   146
Ejercicio para la voz: vídeo/audio   147
Recapitulación   148

PARTE 3
GANAR   149

**15 La competencia al rojo vivo: las presentaciones
en equipo**   153
Es una carrera hasta la meta   156
Cómo sobresalir en un tiroteo   156
Consiga un productor de noticias   156
El mensaje empresarial   157
Separe a su equipo de la competencia   158
Genere credibilidad   158

Utilice apoyos visuales para lograr que su equipo sea memorable   159
Cierre con convicción   160
Planee una sesión de preguntas y respuestas   161
Tenga cuidado de las noticias de último momento   161
Adopte una formación del equipo al estilo de los reporteros   161
Ensaye para perfeccionar las tácticas del equipo   162
Califique su presentación como si fuera el cliente potencial   164
Recapitulación   164

16 Seminarios que despiertan el interés y venden   165
Defina al auditorio y cómo atraerlo   167
Aprenda de los profesionales en seminarios   168
Concéntrese en las necesidades de los participantes   168
Las guías de estudio que contienen espacios para llenar reafirman la información   169
Ensaye para asegurar el refinamiento   169
Realice una presentación interactiva   170
Evalúe para mejorar   170
Lleve a cabo seguimientos para ganar   173
Recapitulación   173

17 El secreto para obtener la participación del público   175
La diferencia que atrae   177
Todo el mundo lo hace   178
Por qué los presentadores temen a la participación   179
Nueve maneras para que los grupos interactúen   181
Recapitulación   186

18 Tenemos que dejar de vernos así: juntas   187
El papel del líder   189
El papel de los participantes   192
Celebre juntas memorables   194
Recapitulación   194

19 Las entrevistas de empleo podrían ser el principio de una relación de largo plazo   195
Usted es el producto   198
Organice sus cualidades en tres puntos fundamentales   198
Explique un punto e ilústrelo   198

Supere las objeciones 199
Conozca a su cliente 199
Defina el empleo 199
Solicite el pedido 200
La presentación es importante 200
Explore con seguridad si cubre el perfil 201
Recapitulación 202

20 ¿Qué quiere que haga qué? La oratoria improvisada **203**
Aprenda a hablar bien, aunque le avisen con un minuto de anticipación 205
Espere lo inesperado 205
Siga la acción del juego: escuche 206
Trace un plan de respuesta para tenerlo a la mano 206
Sus comentarios deben ser breves 206
Hable con claridad 207
Recapitulación 207

Apéndice A Cómo curar un caso común de ataque de ansiedad (y otras manifestaciones de nerviosismo) **209**

Apéndice B Utilización de la Fórmula: presentación de seminarios **213**

Apéndice C Utilización de la Fórmula: presentación del orador **217**

Índice **221**

Agradecimientos

"Hacer lo que es común de manera inusual seguramente atraerá el éxito."
John D. Rockefeller

Como dicen al final de una emisión televisiva: "Nuestro agradecimiento a las personas que hicieron que esto fuera posible:"

A nuestros mentores de los medios masivos de información de WXIA-TV, WSB-TV y *The Atlanta Journal Constitution,* que nos prepararon como productores de televisión y columnistas, para dar a los televidentes y lectores "las noticias que son útiles para ellos."

A Jack Covert, maestro de los libros de negocios y presidente de Schwartz Business Books, que ha sido nuestra guía en el mundo editorial de los negocios.

Al equipo de John Wiley & Sons, Inc., que crea libros para ayudar a las personas a dar impulso a sus carreras. A nuestra editora, Janet Coleman, por sus contribuciones perspicaces.

Al ilustrador Bill Loring, de Creative Services, Inc., por sus ilustraciones imaginativas.

A nuestro equipo de Speechworks: Pat Marcus Bocinec, que ha trabajado en cada versión de este manuscrito en evolución; los instructores de Speechworks, Schatzie Brunner, Lisa Hanson, Monica James y Marilyn Ringo, cuyas aportaciones mejoran la calidad de nuestros programas y servicios.

Cómo hacer
presentaciones exitosas

Se puso de pie muy erguido. Sus ojos se encontraron. El corazón latía con fuerza mientras un escalofrío recorría la columna vertebral. Las aletas de la nariz se ensancharon y la piel brillaba por el sudor de la expectación. El cuerpo se tensó. Los labios se abrieron y con voz agitada dijo: "Buenos días, damas y caballeros de United Construction. Gracias por esta oportunidad que me brindan hoy para hablar ante ustedes."

Hombre o mujer, si alguna vez ha experimentado esos síntomas de estremecimiento, temblor y latidos violentos del corazón, debe de haber realizado una presentación de negocios.

Cuando busca con ansiedad al cliente de sus sueños, un contrato maravilloso de ventas o la candente aprobación del consejo de administración, necesita una magnífica línea inicial. Necesita saber lo que provocará el entusiasmo y hará exclamar: "¡Sí! ¡Sí! ¡Sí!"

Como productores ejecutivos de *Noonday,* un programa diario de noticias y entrevistas de la filial de Atlanta de la NBC, WXIA-TV, nuestra meta fue atraer a los televidentes y conseguir índices altos de auditorio. ¿Cómo cautivamos a los televidentes y los mantuvimos en sintonía?

Tuvimos que descubrir lo que los emocionaba, lo que los hacía pedir más, lo que resultaba atractivo a la vista y lo que creaba entusiasmo e interés. Al relacionar nuestro objetivo con los intereses de los televidentes, nos pusimos en camino para lograr la meta de conseguir índices elevados de auditorio. Pusimos a su disposición noticias que eran útiles y ellos nos dieron índices fantásticos de auditorio. ¡Fue una estrategia ganadora!

Después de producir más de dos mil horas de programación, estamos en posición de ayudarle a lograr índices de auditorio e ingresos. Este libro le ofrece más habilidad, confianza y alegría de las que experimenta en las relaciones de negocios con las que coquetea en la actualidad. Muestra cómo aprovechar al máximo las posibilidades para presentar información ganadora ante un auditorio compuesto de una o mil personas.

Una estrategia de atracción no se refiere a restaurantes caros y flores. Se trata de descubrir las necesidades del auditorio y demostrar que es capaz de satisfacerlas. Esta estrategia logra que las personas encargadas de la toma de decisiones se sientan comprendidas. Apela a razones llanas y sencillas para convertir a aquéllas en individuos seguros de ellos mismos y emocionados por los resultados que usted puede lograr para ellos.

Hemos procurado que estas técnicas sean fáciles de adoptar. Le enseñaremos cómo preparar una charla de negocios que siempre atraiga y gane el interés de su escucha. Es fácil, divertido y rápido mostrar lo que tiene que ganar, ya sea que persiga una venta, sostenga una entrevista para conseguir empleo o intente lograr la aprobación del consejo de administración.

EMOCIONES QUE CAMBIARÁN SU VIDA

Los objetos de sus búsquedas son muchos. Es posible que quiera:

- ✔ Tener la confianza para convencer a la administración de una idea.
- ✔ Lograr que una habitación llena de clientes actúe como usted quiere.
- ✔ Preparar un informe que consiga aprobación.
- ✔ Motivar a su equipo para participar en un proyecto.
- ✔ Dar un discurso ganador ante colegas o posibles compradores.

- ✔ Entablar una relación que se traduzca en una venta
- ✔ Dictar un seminario que aumente su prestigio
- ✔ Derrotar a sus rivales en una presentación competitiva de una oferta
- ✔ Sentirse bien consigo mismo y lograr que otros se sientan igual.

En pocas palabras, cada uno de nosotros *quiere* y *necesita* técnicas ganadoras de comunicación que nos ayuden a realizar lo que anhelamos. La Fórmula Speechworks funciona siempre para asegurar que se encuentre en el camino correcto, ya sea que tenga que hablar de *improviso* en una reunión, o participar en un *concurso de belleza* para competir por un cliente importante. Sólo dedique una mirada superficial a nuestro historial.

- ✔ Rick McCullough, presidente de Media Management Strategies, una compañía de colocación en los medios masivos de información que está formada por 12 personas, llegó a Speechworks, la compañía que dirigimos, porque quería conseguir una gran cuenta y no quería echar a perder su exposición de 20 minutos ante el director general de una compañía muy importante que fabrica muebles para la venta al detalle.
  Cuatro días después de su instrucción, entró como estampida en nuestras oficinas, entusiasmado por su reciente éxito con la cadena de muebles. "¡Fue la Fórmula Speechworks!", exclamó. "¡Conseguimos un contrato de ocho millones de dólares!" Rick reconoció que Speechworks le enseñó el secreto de las buenas técnicas de comunicación. Sintonizó con el director general.
- ✔ Como las flores y los diamantes, los apoyos visuales dinámicos e interesantes marcaron una diferencia de 100 millones de dólares para Robins & Morton, una compañía constructora que emplea a 300 personas y tiene sus oficinas centrales en Alabama. La compañía acababa de sufrir la angustia y

la frustración de perder cuatro presentaciones de ofertas para obtener los contratos de construcción de varios hospitales.

"Tenemos la tecnología y la experiencia", manifestó Barry Morton, el director general entrante. "Lo que no tenemos son habilidades poderosas de comunicación."

Barry envió a sus tres presentadores más importantes, armados con la Fórmula, lenguaje corporal seguro y apoyos visuales que narraban su historia con una atracción llamativa. Destacaron en sus siguientes tres presentaciones y ganaron licitaciones con valor de más de 100 millones de dólares en contratos de construcción.

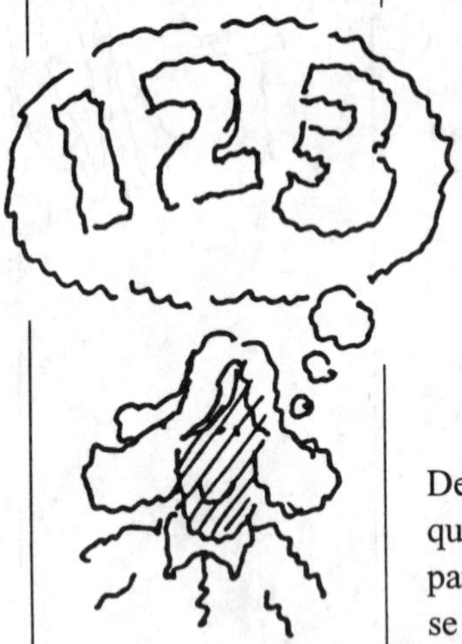

SOY SÓLO UNA PERSONA COMÚN Y CORRIENTE. ¿TENGO LO QUE SE NECESITA?

Detestamos hablar frente a un grupo de personas debido a que no nos gusta que nos evalúen. Aún peor, nos desagrada participar en un juego cuando no estamos seguros de lo que se requiere para ganar. Si es capaz de responder a las siguientes preguntas, tiene lo que se necesita para atraer y ganar:

¿Puede contar hasta tres?

¿Es capaz de sonreír, establecer contacto visual, mirar a alguien a los ojos y estrechar las manos?

¿Puede mantener el equilibrio en ambos pies o sentarse erguido en la silla?

¿Puede tender la mano y sostener un ademán?

¿Puede dar cuatro o cinco pasos en una dirección y después tres o cuatro en otra?

¿Puede hablar en voz alta o baja, rápido o despacio?

¿Puede juntar los labios y hacer una pausa durante cinco segundos?

Excelente, entonces tiene el talento que se requiere para convertirse en un comunicador confiado y capaz. Vender a una persona o a un grupo de manera exitosa es como hablar con un buen amigo, sólo que en un nivel *más alto*. *Mayor* organización de las ideas, voz *más alta, mayor* energía y *más* convicción.

¿ESTÁ LOCO? POR SUPUESTO, ES PERSUASIVO

¿Ha intentado convencer a unos cuantos amigos de ir a su restaurante favorito? Es entusiasta, enérgico y persuasivo. Empieza por asegurar que se sentirán encantados, que se sirve la mejor comida sudoccidental en la ciudad. Proporciona detalles específicos tentadores acerca de los tamales picantes y condimentados que sirven con una salsa especial. Después, concluye haciendo referencias a pruebas de que el lugar tiene un gran ambiente. Describe imágenes de buenos ratos y comidas fantásticas. Su lenguaje hace agua la boca y su entusiasmo toma la delantera. Aplique esa misma energía, intensidad y entusiasmo en sus presentaciones de negocios y se convertirá en una persona persuasiva.

CLARO, ES POSIBLE *FINGIR HASTA LOGRAR QUE SEA VERDAD*

Lo vimos hacerlo en una fiesta cuando un completo extraño se acercó a usted dando saltos y lo llamó por su nombre. Usted no tenía idea de quién era, pero eso no impidió que respondiera con gran energía: "Oye, ¿cómo has estado?"

Si fue capaz de fingir cuando no tenía la mínima idea de lo que se trataba, es capaz también de lograr hacer una presentación confiada con la misma calma y seguridad. El plan de Speechworks *finja hasta que lo logre* está diseñado para demostrar que aun cuando esté seguro de que todo el mundo observa cómo le tiemblan las rodillas, los nervios no lo traicionarán. Una gran epifanía ocurre durante nuestros talleres cuando cada cliente nervioso ve su cinta de vídeo y declara: "No parecía nervioso... ¡a pesar de que estaba hecho un manojo de nervios!"

TIENE EL VALOR

Al igual que el Mago de Oz premió al león con una medalla al valor, la Fórmula Speechworks ofrece una inyección de valor.

Funcionó para Betty Lemmon. Oígala rugir:

> Querido Speechworks:
>
> No quería asistir al taller de Speechworks y lo programé dos veces. Me sentía aprehensiva. Temía sentirme intimidada por los comunicadores que eran mejores que yo. Hoy, un día después del taller, ¡me siento como si fuera capaz de conquistar el mundo!
>
> Me sorprendió lo cómoda que me hicieron sentir. El avance fue tan rápido y los cambios ocurrieron sin siquiera darme cuenta.
>
> ¿Cómo es posible que logren que una persona que estaba petrificada se ofrezca como *voluntaria* para levantarse y ser la *primera* al segundo día?

CÓMO USAR ESTE LIBRO

Este libro está diseñado para utilizarse como referencia rápida y guía para vender sus ideas, productos, o a usted mismo. Si se aproxima una presentación muy importante u otra de menor relevancia en dos semanas, puede regresar y leer todo el libro. Si las manos todavía tiemblan y se encuentra en un vuelo para ir a atraer a un posible cliente, las siguientes referencias de soluciones rápidas le darán ideas específicas de *qué hacer en este momento*.

En la sección de Soluciones rápidas del capítulo 1, enseñaremos a organizar la información y hacer una presentación triunfadora cuando se dispone de poco tiempo. Después mostraremos la estrategia que fundamenta la fórmula.

Los capítulos cortos y las secciones fáciles de encontrar presentan opciones inmediatas. Las secciones para llenar ayudarán a acrecentar el repertorio de pruebas y anécdotas orientadas a obtener resultados. El índice de materias está ahí para guiarlo y confortarlo.

Vamos a ser sus instructores. En nuestro diez años como productores de televisión, nunca perdimos a un invitado y ganamos seis premios Emmy. Durante ese tiempo aprendimos que la televisión es el modelo por excelencia para los comunicadores del presente. Usted observa figuras y personalidades por la televisión y sabe distinguir una buena presentación cuando la ve. Le daremos las técnicas que mantendrán a su público en sintonía para conseguir altos índices de auditorio y credibilidad en su carrera.

Desde que dejamos de transmitir al aire, nos hemos concentrado en la comunicación empresarial. En este libro aprenderá de nosotros y de nuestros clientes en Turner Broadcasting, Georgia-Pacific, Holiday Inn Worldwide, BFI, Smith Barney y otros.

John Rasor, vicepresidente de Recursos Forestales de Georgia-Pacific, manifestó en una carta reciente: "Nuestros administradores de Recursos Forestales y silvicultores continúan adquiriendo confianza y habilidad para la comunicaciones al trabajar con ustedes. Aún mejor, lo disfrutan." Como escribió Neil Williams, socio director de Alston & Bird, el bufete jurídico más grande de Atlanta: "Gracias por hacernos mejores en lo que hacemos."

Usted *puede* cautivar a sus escuchas.

PARTE 1
CÓMO ATRAER AL CLIENTE

1
El asistente de soluciones rápidas para las presentaciones

Si tiene las palmas sudorosas y se siente presionado porque una fecha límite se le viene encima, el instructor de Speechworks está aquí para ayudarlo a cautivar a su escucha. El instructor lo guiará paso a paso, a fin de lograr una presentación eficaz y bien organizada mediante el uso de la Fórmula Speechworks. Después, le presentará sugerencias novedosas sobre cómo transmitir su mensaje con seguridad y convicción, a través de los pasos adecuados.

Cuando la presión haya pasado, lea con toda calma el libro. Cuando se trata de hacer presentaciones de negocios, cada uno de nosotros es un trabajo en proceso. Este asistente de soluciones rápidas para las presentaciones es el primer paso.

CÓMO ORGANIZAR LA PRESENTACIÓN: LA FÓRMULA SPEECHWORKS

1. DIGA "LO QUE GANARÁN": RESEÑA PRELIMINAR
   El gancho: Capte la atención del público a través de una de las siguientes opciones: una anécdota, ejemplo personal, testimonio experto, analogía, cita, estadística o pregunta.

Objetivo del mensaje/Declaración del beneficio:
Relacione su meta con la necesidad del oyente:

Presente un avance preliminar de sus tres puntos.

1.
2.
3.

2. DÍGASELOS: EL CUERPO DE LA PRESENTACIÓN
Explique cada punto e ilústrelo con pruebas. Las pruebas SE RELACIONAN con la necesidad del oyente: anécdotas, ejemplos personales, testimonio experto, analogías, citas, estadísticas y hechos.

Punto 1.
Prueba:

Punto 2.
Prueba:

Punto 3.
Prueba:

Es posible desglosar cada punto en subcategorías.

3. DIGA LO QUE YA DIJO: RECAPITULACIÓN

Recapitulación del objetivo del mensaje/Declaración del beneficio:

Recapitule sus tres puntos.

1.
2.
3.

Conclusión: Convoque a la acción, solicite el pedido, ofrezca una prueba final.

LA FÓRMULA SPEECHWORKS: PRESENTACIÓN MUESTRA

1. DIGA "LO QUE TIENEN QUE GANAR": INTRODUCCIÓN

El gancho: De acuerdo con la revista *Business Week*, todos los días se realizan 33 millones de presentaciones de negocios. ¡Esa cifra ofrece la posibilidad de provocar mucho aburrimiento!

Objetivo del mensaje/Declaración del beneficio: Invierta en adquirir técnicas de comunicación para atraer a los clientes en perspectiva y obtener negocios... Lea *Cómo atraer y conseguir negocios*.

Presente un avance preliminar de sus tres puntos.

1. Establezca su caso de manera persuasiva al utilizar la Fórmula Speechworks.
2. Preséntelo con convicción.
3. Utilice la Fórmula para triunfar en todo tipo de presentaciones de negocios.

2. DÍGASELOS: EL CUERPO DE LA PRESENTACIÓN

Punto 1. Establezca su caso de manera persuasiva al utilizar la Fórmula Speechworks.

Prueba: Mark Abkemeier, ejecutivo de ventas de Blue Cross-Blue Shield, afirmó: "Aumentamos la suscripción de contratos HMO de 35 a 72% al utilizar la Fórmula. Los ejemplos fueron tan convincentes, que los compradores no pudieron decir que no."

Punto 2. Preséntelo con convicción.

Prueba: Su presencia constituye 55% de la impresión que causa; la energía en el tono de la voz, 38%, de acuerdo con el científico social de UCLA, el Dr. Albert Mehrabian. Este libro le enseña técnicas específicas que lo harán parecer en control, aun cuando usted no se sienta así.

Punto 3. Utilice la Fórmula para triunfar en todo tipo de presentaciones de negocios.

Prueba: Gracias a la Fórmula Speechworks, que se empleó en una presentación de equipo de Arthur Andersen LLP, se obtuvo una victoria muy importante. Le arrebataron un cliente que había sido fiel durante 20 años a un competidor.

LA FÓRMULA SPEECHWORKS: PRESENTACIÓN MUESTRA *(continuación)*

3. DIGA LO QUE YA DIJO: RECAPITULACIÓN

 Recapitulación del objetivo del mensaje/Declaración del beneficio: Invierta en adquirir técnicas de comunicación para atraer a los clientes en perspectiva y obtener negocios... Lea *Cómo atraer y conseguir negocios*.

 Recapitule sus tres puntos.
1. Establezca su caso de manera persuasiva al utilizar la Fórmula Speechworks.
2. Preséntese con seguridad.
3. Emplee la Fórmula para triunfar en todo tipo de presentaciones de negocios.

 Conclusión: Convoque a la acción, solicite el pedido, ofrezca una prueba final. Usted también puede ser un triunfador. Wayne Gordon, vicepresidente ejecutivo de Robins & Morton, manifestó: "En los últimos tres meses, a partir de que empezamos a trabajar con la Fórmula Speechworks *Atraer y ganar*, hemos conseguido más de 100 millones de dólares en contratos de construcción." Permita que *Atraer y ganar* le ayude a crecer.

UNA SESIÓN CON EL INSTRUCTOR DE SPEECHWORKS

A estas alturas, usted ya ha recopilado la información pertinente para su presentación. Llene la Fórmula al responder a las preguntas del instructor de Speechworks. Atraiga a sus oyentes al colocarlos en el centro de su presentación. Concéntrese en las necesidades e intereses del público y empezará una relación duradera que dará como resultado la obtención de negocios.

* Si invierte en conocimientos sobre comunicación, triunfará en los negocios.
** (Enunciado de acción): *Invierta* en comunicación y triunfará en los negocios . . .

Cómo hacer presentaciones exitosas

> ¡VAMOS MUY BIEN! NOS ENCONTRAMOS EN EL CUERPO DE LA PRESENTACIÓN. OFREZCA LA PRUEBA PARA DEMOSTRAR EL PUNTO 1.

1. _____
_____
_____

> AHORA EL PUNTO 2.

2. _____
_____
_____

> UNA ÚLTIMA DECISIÓN. LA PRUEBA DEL TERCER PUNTO.

3. _____
_____
_____

> ¡EXCELENTE MATERIAL! AHORA, LA RECAPITULACIÓN.

MO _____
1. _____
2. _____
3. _____

> CASI TERMINAMOS. PARA EMPEZAR, NECESITAMOS UN GANCHO QUE CAPTE LA ATENCIÓN DEL OYENTE.

> PARA INTERESARLOS, CREO QUE TAL VEZ SERÍA CONVENIENTE HACER UNA PREGUNTA _____ O EMPEZAR CON MI GRANDIOSA ANÉCDOTA ACERCA DE _____ _____

> BUENO, PARA CERRAR, EMPLEE UNA CONCLUSIÓN O CONVOCATORIA A LA ACCIÓN.

> TERMINARÉ CON LA RESPUESTA A LA PREGUNTA, _____ O MI ESTADÍSTICA FAVORITA _____ Y DESPUÉS SOLICITARÉ EL PEDIDO.

> ¡**LO LOGRÓ!** AHORA CUENTA CON UNA PRESENTACIÓN CENTRADA EN EL OYENTE. **¡UNA GANADORA!**

EL PODER DE LA PRESENTACIÓN

Preséntese ante su público calzado de botas y espuelas, no con pantuflas.

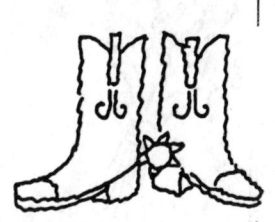

✔ Proyecte energía en su ritmo y presencia.
✔ Manténgase equilibrado sobre los talones, la distancia entre los pies debe ser entre 20 y 30 centímetros.
✔ Levante el pecho.
✔ Mantenga la cabeza erguida.
✔ Relaje los brazos a los costados.
  Ésta es su posición neutral, la de base.
  (Véase capítulo 7.)

Establezca contacto visual para entablar relaciones.

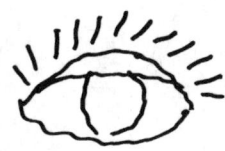

✔ Hable de uno por uno con los individuos que componen un grupo.
✔ Ofrezca a cada oyente una idea o un pensamiento completo.
  (cuatro a seis segundos).
  (Véase el capítulo 8.)

No permanezca de pie como un árbol.

✔ Utilice todo el cuerpo para reforzar el mensaje.
✔ Inclínese hacia adelante, hacia el público.
✔ Haga ademanes firmes para no distraer la atención de su mensaje.
  (Véase el capítulo 9.)

Añada variedad.

✔ Cambie el ritmo de la voz; hable en voz alta, queda, rápido y despacio.
✔ Articule. Abra la boca, enuncie para que lo entiendan.
  (Véase capítulo 10.)

Utilice "la pausa que refresca"

✔ Haga pausas para permitir que las ideas se asienten.
✔ Haga pausas para sustituir los *estes* y *ejems*.
✔ Haga pausas para ganar confianza.
   (Véase capítulo 11.)

2
Lo que los entusiasma

¿Qué entusiasma a sus oyentes? ¿Acaso son las cifras reveladoras, las anécdotas relatadas a un ritmo rápido, o las estadísticas que echan chispas? Demuestre a su público lo que ganará al comprar su producto, aprobar su plan o contratarlo y obtenga los resultados deseados.

Diferentes oyentes tienen necesidades distintas. El director de finanzas necesita saber: "¿Cuánto dinero ahorraré o ganaré con la propuesta?" El usuario de sus ideas querrá saber: "¿Cómo me facilitará mi trabajo?" Si dice, por ejemplo, que necesita comprar una nueva computadora, su jefe verá signos de dólares en pleno vuelo a su alrededor. Diga: "Una computadora nueva nos ahorrará tiempo y dinero", y obtendrá la autorización para demostrarlo.

Haga que su oyente sea la pieza central de su presentación. Concéntrese en la motivación especial de él o ella. Los publicistas saben que un adolescente comprará la pasta de dientes que prometa un aliento fresco al besar, en tanto que los padres querrán una que prevenga la caries dental.

Todos los escuchas usan un par de audífonos para sintonizar su estación de radio favorita, WII-FM, *¿qué beneficio me ofrece?* Cuando usted exponga los beneficios desde un principio, los mantendrá en sintonía y preparados para oír que lo demuestre.

> "No podrá vender, si no dice de qué se trata."

CONOZCA A SU OYENTE

Adapte su mensaje a las necesidades del oyente y trace un curso que los llevará hasta donde quiera llegar.

Colón lo hizo y usted también puede hacerlo. "Cuenta la leyenda que antes de que Colón se presentara ante el Rey y la Reina de España, los expertos en navegación en España y Portugal se habían opuesto a respaldar sus propuestas inusuales para llegar al Lejano Oriente navegando hacia el Occidente", afirmó Patricia Ward Brash, directora de comunicaciones de Miller Brewing Company, en una presentación sobre técnicas de comunicación.

Sin embargo, Colón entendía el arte de la persuasión. Sabía que la Reina Isabel deseaba convertir más adeptos a su religión, de modo que le contó acerca de las multitudes que poblaban el Oriente. Sabía que el Rey Fernando quería expandir el imperio comercial de España, así que le habló del oro y las especias que aguardaban en el Este.

Colón los convenció de su idea con base en el interés de cada uno de sus oyentes y obtuvo el respaldo financiero que necesitaba. Usted también puede llegar a ser igual de persuasivo, sin importar cuál sea su meta.

¿CÓMO EVALUAR A SU OYENTE?

Haga sus deberes. Suscríbase a las publicaciones especializadas que leen sus clientes en perspectiva, a fin de entender mejor los aspectos que más interesen a ellos. Lea los informes anuales, investigue los antecedentes en periódicos y revistas. Obtenga una copia del boletín informativo de la organización y descubra lo más interesante y quién es novedad en el lugar de trabajo. Convierta a un ejecutivo clave en un instructor interno o invite a comer a un empleado amistoso.

Bob Hope, comediante y animador durante mucho tiempo de las tropas emplazadas en todo el mundo en tiempos de guerra, sabía como atraer y ganar la atención de sus oyentes. Su equipo investigaba los nombres de soldados clave, conocía los detalles de cada campamento, así como las características personales de los comandantes. Sorprendía, halagaba y entablaba una afinidad con las tropas dondequiera que se presentara. Sabía que había dos estaciones de radio en el cuadrante de cada uno de sus oyentes. Además de WII-FM, considere la estación, MMFG-AM, *(me hace sentir bien conmigo mismo)*.

Después de recopilar los antecedentes, estadísticas vitales y determinar los aspectos e intereses más importantes para el escucha, estará listo para poner en práctica la Fórmula. Convierta esta información en un tema que motive a través de tres puntos convincentes. Después reúna pruebas fehacientes que los haga exclamar con impaciencia: *¡sí!*

> "MMFG-AM: me hace sentir bien conmigo mismo."

RECAPITULACIÓN

OM: Comunique el beneficio a sus oyentes desde un principio, a fin de mantenerlos interesados.

→ Conozca las metas y objetivos de sus oyentes.

→ Concentre su mensaje en el beneficio para los escuchas: WII-FM.

→ Hágalos sentirse bien respecto a ellos mismos: MMFG-AM.

3
La Fórmula: cómo llegar al ¡sí, SÍ, SÍ!

No lo complique, orador [K.I.S.S., por las siglas en inglés de *Keep It Simple Speaker*] y *diga* el beneficio de sintonizar con su información. Los presentadores de negocios y sus oyentes necesitan una estructura que permita crear lazos de unión. La Fórmula Speechworks logra estas dos metas:

1. Para los presentadores, resulta más fácil y ágil organizar la información.

2. Para los oyentes, resulta más fácil y ágil seguir, archivar y actuar sobre la base de la información del orador.

Lo siguiente muestra en detalle cuánto utilizar la Fórmula:

DIGA LO QUE SUS ESCUCHAS TIENEN QUE GANAR: RESEÑA PRELIMINAR

El gancho

El *gancho* es lo que atrapa la atención, el titular, el hecho que impresiona y despierta el interés del oyente.

> "K.I.S.S.... No lo complique, orador."

> **Atrápelos con un hecho sorprendente**
>
> Un encargado de reclutar personal, al hablar con los candidatos para un puesto de ventas, empieza la presentación con: **"Cien millones de dólares... cien millones de dólares.** Ésa es la cantidad de dinero que el personal que yo recluto ganó para nuestra compañía el año pasado!" Ese hecho sorprendente ofreció posibilidades grandiosas de ventas a la gente que buscaba empleo. El grupo estaba deseoso de oír más.

No pierda el tiempo parloteando acerca de "cómo agradece presentarse ante el público." Engánchelo con un hecho sorprendente:

• De acuerdo con la revista *Business Week,* todos los días se realizan 33 millones de presentaciones de negocios.

O plantee una pregunta relativa a su información:

¿Cuántos de ustedes quisieran ganar el premio mayor de la lotería?

Anécdotas, ejemplos personales, analogías, citas, estadísticas, hechos y preguntas atraen la atención de sus oyentes.

Su gancho
Utilice una anécdota, experiencia personal, testimonio experto, analogía, cita, estadística o un hecho sorprendente para despertar el interés del oyente.

_____
_____
_____
_____

> **Atrápelos con humor**
>
> Frank Capiello, asesor en inversiones financieras e invitado permanente en el programa de televisión *Wall Street Week,* habló después de una reciente baja en la bolsa de valores. Nos hizo reír y despertó nuestro interés al iniciar su charla con el comentario: "En la bolsa de valores solíamos ser toros (especuladores alcistas) y osos (especuladores bajistas). ¡Ahora todos somos gallinas!"

Después del Gancho, le sugerimos mencionar: "Buenas tardes, estoy muy contento de estar hoy con ustedes."

Lisa Petty se decidió por esta táctica. Se le presentó el desafío de informar al comité ejecutivo sobre el programa de trabajo a distancia a través de las telecomunicaciones puesto en marcha por su división en Equifax, la compañía de bases de datos clasificada en Fortune 500.

En lugar de empezar por ofrecer una explicación del trabajo a distancia, inició con la anécdota de Fred Campbell, un ejecutivo de ventas de 56 años, que había opuesto una resistencia férrea al cambio que implicaba trabajar desde su casa. Describió la metamorfosis que se operó en él: de ser un

> ### Atrápelos con una conexión personal
>
> Cuente una anécdota que lo relacione con la vida del oyente y derribe las barreras.
>
> Madison Reilly, asesor de negocios que trabaja para Kurt Salmon Associates, habló ante los ejecutivos de comercio al detalle acerca de las necesidades cambiantes del comprador estadounidense. Mencionó las necesidades de su vida profesional en contraste con el estilo de comprar de su madre hacía veinticinco años. La narración demostró su relación con el oyente y su interés en los problemas de los clientes detallistas.

> ### Utilice la historia para atraparlos
>
> Un contador público titulado que trabaja para un despacho de contadores de Los Seis Grandes inició su presentación al cliente diciendo: "En 1987, se dijo que Dow llegaría probablemente a 1000 para el año 2000 y aquí estamos, en 1995, y el Dow casi llega a 5000. Al pensar más allá de las expectativas de la gente, triplicamos sus márgenes de utilidades y complacimos a sus accionistas."

> ### Atrápelos con una causa común
>
> Antes del Programa del Día de la graduación de Harvard, Hank Aaron tuvo dificultades para determinar la oración inicial de su discurso de clausura acerca de la responsabilidad personal. Ese mismo día, su amigo Mickey Mantle fue sometido a una intervención quirúrgica. Como una respuesta personal, pidió al grupo que rezara con él una plegaria por su colega y amigo. La oración unió al grupo.

trabajador a distancia renuente, se convirtió en un partidario decidido que alababa las bondades de su nueva independencia. Como consecuencia del cambio, incrementó 10% su productividad en ventas.

 Enganchó al auditorio, después lo inspiró con la historia del éxito, paso a paso, de este tremendo esfuerzo. Su credibilidad aumentó frente a los funcionarios empresariales más importantes.

Objetivos del mensaje

He aquí unos cuantos ejemplos de objetivos de mensajes. El beneficio ofrecido al oyente aparece en cursivas.

La computadora QRS45 *mejorará la eficiencia de su oficina y ahorrará a sus empleados horas de papeleo.*

Veamos cómo este paquete de inversiones le *ayudará a obtener los rendimientos de largo plazo que desea, sin correr riesgos innecesarios.*

Adopte el nuevo plan de mercadotecnia y *asegure la presencia y rentabilidad de la empresa y de nuestra sociedad.*

Conozca a sus competidores tan bien como se conoce a sí mismo y *obtenga una ventaja sobre los otros competidores.*

Al trabajar juntos en un plan maestro, *crearemos una identidad fuerte para nuestras empresas.*

El objetivo del mensaje

En este punto es donde convence a los oyentes de lo que tienen que ganar. Es el factor más crítico en ser persuasivo. Creemos que cada presentación tiene el propósito de persuadir. Incluso en una presentación "para su información", el oyente debe convencerse del valor de la información para diseñar planes y tomar decisiones en el futuro.

Si el objetivo de su mensaje (OM) da en el clavo, su auditorio prestará atención a cada una de sus palabras. De lo contrario, es posible que los oyentes piensen: "¿Y qué?" "De ninguna manera", o empiecen a presentar objeciones.

Su OM

Al _____ logrará _____.
  (*su meta*)   (*beneficio para el oyente*)

Ejemplo:
Al cambiar a una estrategia de equipo, su organización logrará ser más productiva.

Empiece la declaración con un verbo en voz activa para que el efecto sea mayor.

Cambie a una estrategia de equipo y sea más productivo.

Tres puntos

A continuación, motive a su auditorio mediante una reseña preliminar rápida de los puntos que sustentan su OM. Éstos son los puntos que convencerán al público de que es capaz de cumplir con lo que promete. En esta parte de su presentación, ofrezca una reseña preliminar de los puntos para que el auditorio sepa qué esperar. Es como un resumen antes del noticiario de las seis en punto.

(OM) "Siga con nosotros para enterarse de los últimos acontecimientos. Canal 11 lo mantiene informado.

(Resumen) En el noticiario de esta noche, presentamos un reportaje sobre el fraude cometido en el Ayuntamiento Municipal, el tan comentado asesinato perpetrado en las afueras de la ciudad. Transmitiremos en directo desde el zoológico el nacimiento de los pandas gemelos."

¿Por qué sólo tres puntos?

Los oyentes, compradores y encargados de la toma de decisiones no recuerdan más de tres mensajes claros y convincentes. Mucho menos la sobrecarga de información que representan ocho puntos. Sencillamente, el público no puede almacenar ese volumen. Simplifique para alcanzar sus objetivos.

¿Tiene dificultades para reducir sus puntos a sólo dos o tres? Realice una sesión de tormenta de ideas. Escriba todos los puntos que se le ocurran y después agrúpelos en tres categorías con sus subtemas. Esto le ayudará a identificar qué razones son las más importantes para su oyente.

Si insiste en presentar diez puntos o más, piense desde otro punto de vista. Los oradores son como lanzadores de pelota llenos de información, impacientes por volcar todo lo que saben en los oyentes. Éstos, a su vez, son como las tazas de un cuarto de litro. Sólo pueden contener esa cantidad.

La Fórmula funciona en cada situación que implique comunicarse, desde una llamada telefónica hasta una visita de ventas. Durante una junta de información, es posible prepararse de manera instantánea para hacer una presentación al basar sus puntos sobre las dos o tres preguntas que puedan formular sus oyentes.

(OM) "Permítanme explicar los avances de nuestra división para que podamos instrumentar los cambios necesarios a fin de asegurar nuestro crecimiento.

(Resumen) Las tres preguntas que deben estar haciéndose son: "¿Cuál es el índice de retención de nuestros empleados? ¿Qué costos tenemos? y ¿qué utilidades obtuvimos durante el trimestre?"

Explique los puntos

En una presentación personal de ventas
Inicie con una charla menor (el gancho), que puede ser cualquier cosa, como ver un trofeo y preguntar acerca del interés del cliente potencial en el deporte del remo, e incluso reconocer el último éxito de la compañía comentado en el periódico. A continuación, establezca el escenario con un OM y tres puntos.

Ejemplo:
OM: En nuestra reunión de hoy, analizaremos si nuestros artefactos ahorrarán tiempo y dinero de sus operadores. Me gustaría:

→ Preguntar acerca de la situación actual que guarda la producción.

→ Demostrar cómo funcionan nuestros artefactos en organizaciones como la suya, y

→ Ver si existe alguna manera de acoplarlos.

Cuando quiere convencer a un amigo de ir al cine:
OM: "A Wong Foo, gracias por todo, Julie Newmar" fue una película divertida.

→ Te vas a reír y descansarás.

→ Wesley Snipes y Patrick Swayze interpretan a personajes muy cómicos.

→ Estos personajes de la gran ciudad aportan interés a la vida de las ciudades pequeñas.

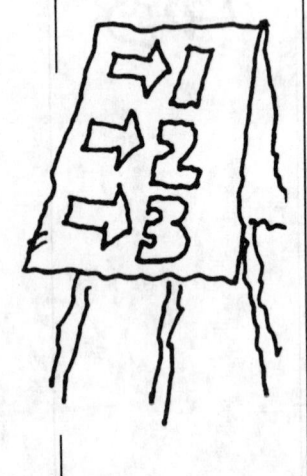

Coloque los puntos en orden: el más importante debe aparecer en el primero o último lugar. "Los estudios demuestran que los miembros de los jurados recuerdan mejor lo que se dice al principio y al final de un juicio", comentó un profesor de derecho de la Universidad de Georgia, Ron Carlson, en un artículo de *USA Today*. Este formato funciona para todos los oyentes. Aminore la importancia del punto débil poniéndolo en medio.

DÍGALO: EXPLIQUE UN PUNTO E ILÚSTRELO

¿Qué se requiere para hacerse notar como una empresa de Fortune 500 y tener el poder demoledor de compra para adquirir su producto? ¿Cómo es posible lograrlo en menos de 30 minutos? Piense en AETACE: Anécdotas, Experiencias personales, Testimonio experto, Analogías, Citas y Estadísticas y hechos sorprendentes. Las pruebas fehacientes consolidan su credibilidad. Este orden apela al interés y emociones del oyente. Los datos específicos le ayudan:

✔ Presente su caso.

✔ Establezca las diferencias con sus competidores.

✔ Haga que sus puntos sean memorables.

¡La prueba!

Forme un arsenal de casos prácticos, anécdotas, hechos sorprendentes y estadísticas a los que pueda tener acceso de manera rápida para demostrar sus propios éxitos y sustentar su información. Tome cada uno de los puntos expresados en la reseña preliminar y respáldelos con pruebas.

Dale Carnegie afirmó que los mensajes de su libro *How to Win Friends and Influence People* podrían haberse redactado en una y media páginas. Las otras 230 presentaban anécdotas y pruebas que demostraban los puntos que quería explicar.

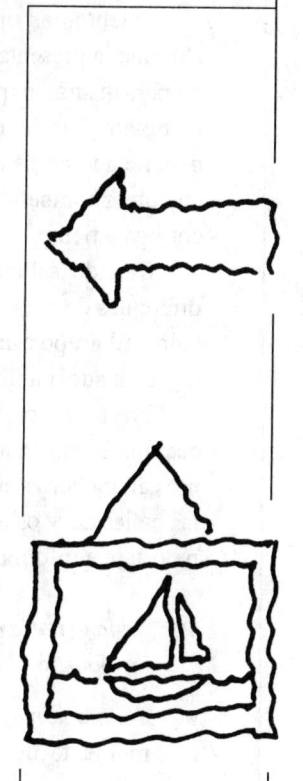

Celebramos un taller para 30 ejecutivos de ventas de Shaw Industries. Durante la presentación en grupo, solicitamos ejemplos de éxitos con los clientes para ilustrar los puntos que querían demostrar. No comprendían que el gerente de un hotel prefiere oír ejemplos de cómo otros propietarios de hoteles se han beneficiado al instalar alfombras Shaw que una sarta de generalizaciones que cualquier competidor podría hacer: calidad, resistencia al decoloramiento, valor, entrega a tiempo.

Cuando salimos, dos horas después, teníamos más de treinta ejemplos diferentes de éxitos con los clientes que respaldaban los puntos como calidad o valor. El grupo estaba asombrado por la variedad de ejemplos que compartió y determinado a utilizarlos en presentaciones futuras.

Preste atención a los noticiarios por televisión para ver las ilustraciones en acción. El comentarista de la NBC, Tom Brokaw, presenta el resumen: "Visitemos ahora Perostroika Pizza, la nueva empresa estadounidense muy de moda en las calles de Moscú." Envía la imagen al reportero en el campo, quien cubre el reportaje e informa.

- ✔ *"A la gente le encanta."* La imagen en vídeo muestra a un hombre que come un bocado y exclama: "¡Delicioso!"

- ✔ *"Gana dinero."* El vídeo muestra al propietario estadounidense en el momento de cortar la cinta al mismo tiempo que informa sobre de las utilidades proyectadas para el primer año.

- ✔ *"Servicio rápido."* El vídeo muestra una fila de personas en espera para comprar *shashlik*, un platillo que tarda mucho tiempo en cocinarse.

Ejemplos, pruebas que documentan el éxito

Las pruebas hacen más interesantes las presentaciones. Construya imágenes visuales e invite al oyente a identificarse con el problema y el éxito que su compañía ha significado para otros.

Billy McElroy, gerente de proyectos de Hardin Construction Company de Atlanta, hizo una presentación para conseguir un nuevo negocio. La seguridad era el factor más importante y, en lugar de realizar una serie de declaraciones acerca de su programa de seguridad (que cualquier otra compañía podría haber presentado), contó una anécdota acerca de cómo le había robado una idea al entrenador de fútbol de la Universidad Estatal de Ohio, Woody Hayes, para mejorar la seguridad de sus proyectos de construcción.

"Hayes coloca una calcomanía en el casco de los jugadores que han alcanzado ciertas metas. Se trata de un motivador visual." McElroy explicó cómo utilizaba el mismo sistema de recompensas en los cascos de sus subcontratistas cuando cumplían con las metas de seguridad. Esto ilustró la importancia de la seguridad en el trabajo al hacerla evidente, de manera visual, todos los días.

Enseñó el casco Hardin con sus calcomanías de seguridad a los compradores potenciales, demostró que el programa de seguridad marchaba de acuerdo con lo planeado y describió una imagen que no es probable que los compradores olviden. ¡El resto de la historia es que Hardin consiguió el contrato!

Fortalezca su credibilidad y describa imágenes que se adhieran como con pegamento a la mente de sus compradores.

> "El secreto del éxito de *60 minutos* es muy sencillo... Contar una historia. Aun las personas que escribieron la Biblia sabían que cuando se trata de abordar problemas, uno cuenta historias. El tema era el mal; la historia, la de Noé."
> —Don Hewitt
>   Productor Ejecutivo
>   60 minutos

Fundamente sus pruebas

La prueba puede ser tan larga como una demostración o tan corta como un enunciado. Otro constructor demostró la calidad del trabajo de su compañía al comentar: "Después de que el huracán Andrew arrasó Florida, nuestras casas fueron las únicas que quedaron en pie." Las pruebas AETACE se relacionan con las necesidades del oyente.

Anécdotas: Relacione las anécdotas o historias con el interés que establecerá un contacto entre usted y su oyente. Utilice una anécdota de guerra para demostrar cómo usted o un miembro de su compañía manejó o sobrevivió a una situación difícil.

_____
_____

Utilice una anécdota de la historia para demostrar un punto. "Tuvieron que pasar cien años para lograr que hubiera un teléfono en cada escritorio. En sólo diez años, los teléfonos celulares han logrado la misma penetración de mercado."

_____

Experiencias personales: Comparta aspectos personales en una presentación. Con ello humaniza la información, *se abre* al oyente y ayuda a entablar relaciones. Cuando uno menciona su ciudad natal o escuela, se establecen puntos de contacto. Cuando un orador relata cómo superó un obstáculo, los oyentes relacionan la anécdota con sus propias luchas personales. Cuando relacionamos nuestras experiencias como productores de televisión con personalidades de renombre, nuestra credibilidad aumenta.

_____

_____

Testimonio experto: Cite a un experto para dar mayor credibilidad a su información. Explique quién es él y logrará aumentar la credibilidad. Frank Capiello es un conocedor en finanzas que aparece a menudo en el programa *Wall Street Week*. Como orador aconseja: "Nunca aborde más de tres puntos en una presentación." Su experiencia refuerza nuestra filosofía de los tres puntos.

_____

_____

Analogía: Descubra la semejanza entre cosas disímiles. "La operación de limpieza del derrame de petróleo del *Valdez* fue tan enorme que fue como tratar de vaciar una tina de baño con un hisopo de algodón." Utilice las analogías para crear instantáneas de su información. Los deportes y los animales constituyen analogías visuales comunes.

_____

_____

Citas y axiomas: Algunos dichos logran el propósito de manera muy exitosa. Al establecer sus metas, podría citar a Steven Covey: "Empiece con el fin en mente."

Estadísticas y hechos sorprendentes: Las estadísticas son el tipo de prueba más común y menos memorable. Mencione las estadísticas como relaciones simplificadas, no como una serie de gráficas y cifras. En un análisis de la inflación, compare el costo de una hogaza de pan hace veinte años con el precio que tiene en la actualidad. Debe redondear todas las cifras. Si es necesario entrar en detalles estadísticos, entregue los materiales *después*.

Las estadísticas tienen que ser memorables. Un acre tiene 43,650 pies cuadrados. Visualizar un cuarto o medio acre es muy difícil para muchas personas. Explique que un acre es el tamaño de un campo de fútbol sin las zonas de meta y todos entenderán a qué se refiere. Relacione las cantidades o los tamaños con elementos conocidos por su auditorio.

¿La demostración pasa la prueba del "y qué"?

Asegúrese de que su ilustración sea importante para el oyente. Si los encargados de la toma de decisiones de un proyecto arquitectónico no necesitan un estacionamiento, no pierda el tiempo hablando acerca de los premios que su empresa ha ganado por sus diseños innovadores de estacionamientos. Es una declaración que carece de importancia para los oyentes. Adhiérase a lo que es importante para el comprador o demuestre cómo las soluciones de un piso de estacionamiento se relacionan con algún problema que tenga.

Reduzca la información a los puntos esenciales al preguntar: "¿Qué significa esto para el comprador?" Cada vez que agregue un punto o una anécdota, determine si añade algo de valor a sus gabinetes de archivo o sólo se suma al atiborramiento de un sistema de archivo sobrecargado.

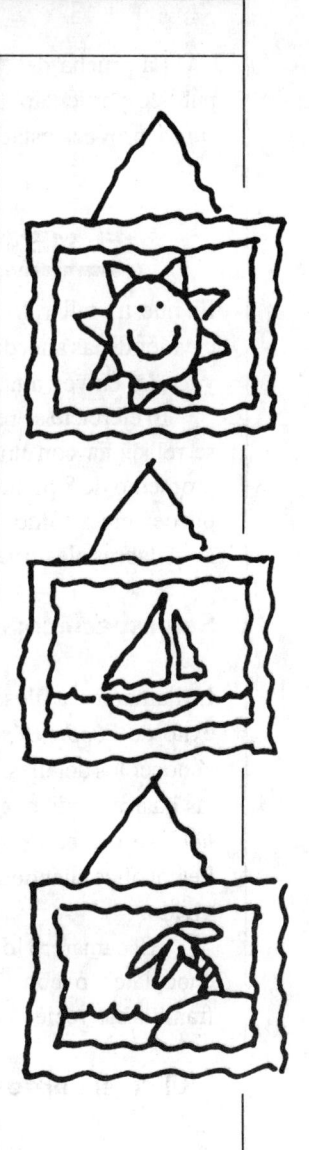

La prueba del "¿y qué?" concentra el interés en la información útil para su público particular. Elimina la información poco importante que *contamina con ruido,* provoca estática e interrumpe la recepción de los compradores.

•

EL MENSAJE DEBE SER FÁCIL DE RECORDAR

En nuestro taller, los clientes participan en el *Juego de las pruebas* para demostrar el valor de las anécdotas. Presentamos una lista de palabras. Después de mostrarlas y leerlas en voz alta, se le pide al grupo que escriban las que recuerden.

El ejercicio se repite con una segunda serie de palabras. Esta vez, la lista al azar se relaciona con una anécdota. Los resultados se duplican y triplican desde un promedio de 8 puntos la primera vez, hasta 32 en la segunda. Los participantes no pueden creer cómo la adición de una anécdota aumenta su capacidad para recordar las palabras aleatorias.

Sea específico: evite las generalidades vagas

Lo llamamos la filosofía de presentación de *People Magazine/National Enquirer.* El éxito de *People, Vanity Fair* y *National Enquirer* demuestra que la gente quiere conocer los detalles. Conviértase en reportero e informe de acuerdo con las preguntas básicas: quién, qué y porqué. Mencione nombres. Reemplace el anónimo *un hombre* o *alguien* con los nombres de clientes o la industria que representan. Personalice cuando sea posible para que el mensaje sea más atrayente. Use lenguaje vívido.

¿El camarero lo tentaría más con una sugerencia de "una rebanada de pastel de chocolate" o con "una suculenta porción de pastel de chocolate cubierta de frambuesas recién cortadas y una bola de helado de vainilla a la francesa"?

Utilice el humor

"El humor es la distancia más corta entre dos personas", afirma el comediante Victor Borge. *Gracioso* es decir lo inesperado. Las bromas son más graciosas si las personaliza. Pero... ¡Cuidado!, una broma trillada está fuera de lugar.

Coleccione sus propias anécdotas. Aproveche los titulares graciosos del periódico, o frases de algún compañero de trabajo, o de algún conductor de un programa de entrevistas y añada un toque personal. Las anécdotas humorísticas deben ser breves. Practique frente a su familia: ellos le dirán cómo se desempeña.

El secreto de usar el humor es no hacer una pausa para que la gente se ría. Si la risa no se produce, continúe sin detenerse. Si ocurre, haga una pausa y disfrútela.

•

TRANSICIONES

La información será más memorable si al oyente le resulta fácil seguirla. A medida que avance en la presentación, concluya cada punto antes de iniciar el siguiente tema.

"Ya hemos hablado acerca de los *torneos* de la PGA *(punto uno)*. Ahora abordaremos el tema de los *jugadores (punto dos)*..."

"Ya hemos hablado acerca de los *torneos* de la PGA *(punto uno)* y de los *jugadores (punto dos)*. Ahora abordaremos el tema del *valor de los patrocinios (punto tres)*."

Esto le dará una transición armónica y el oyente permanecerá atento a cada palabra.

Las presentaciones más largas tienen puntos y subpuntos. Resuma cada punto al principio y lleve al oyente a través de los subpuntos. Ofrezca una recapitulación y transición breve para pasar al siguiente punto. Tal vez parezca repetitivo, pero mantiene concentrado al oyente. En una presentación, a diferencia de un libro, el auditorio no puede regresar para volver a leer lo que no entendió.

NO UTILICE LENGUAJE TÉCNICO

Atraiga a los clientes con palabras sencillas y fáciles de comprender que establezcan relaciones. Evite las ambigüedades como si el flujo de efectivo dependiera de ello.

¿Cuánto tiempo?

Siga el sabio consejo de FDR (Franklin Delano Roosevelt): "Sea sincero. Sea breve. Siéntese." Lo más breve es lo mejor. La Fórmula le ayudará a controlar el tiempo. Un resumen de sólo tres puntos principales le permitirá hacer la presentación en tres minutos, treinta minutos o tres horas. La Fórmula funciona como un acordeón que se expande y se contrae para adaptarse a los cambios en el tiempo.

Greta Van Susteren, la analista jurídica de la CNN que transmitió al aire durante el juicio de O.J. Simpson, tenía a su cargo informarnos a todos aquellos que carecemos de un título en Derecho de lo que ocurría. El jurado no había sido integrado para deliberar, ella mencionó que se mantenían "encerrados deliberando." La defensa no desahogó las pruebas de descargo, sino que "salió a probar la inocencia" del acusado.

El lenguaje rimbombante no establece comunicación

Un asesor financiero presentó un plan de administración de cartera de inversiones ante un grupo de cirujanos. Su plan estaba plagado de términos financieros difíciles de entender para los no conocedores. Aburrió a los médicos con la jerigonza de administración del dinero.

¿Estos brillantes cirujanos se convencieron del plan? ¿Confiaron en algo que no entendían? ¿Pudieron hacer preguntas sin poner de manifiesto su experiencia limitada en finanzas?

De ninguna manera. ¿Quién obtuvo la cuenta? Otro corredor; uno que formuló preguntas, definió sus preocupaciones y empleó un lenguaje que comunicaba ilustrado con ejemplos sencillos de comprender. Su plan, fácilmente comprensible, mostró cómo hacer crecer sus inversiones a lo largo del tiempo, ahorrar en impuestos y disponer de los fondos que requerirían para disfrutar de su jubilación. Estableció un ambiente propicio para que ellos se sintieran cómodos al preguntar.

El lenguaje ambiguo constituye una amenaza a la credibilidad

Las ambigüedades fomentan la desconfianza y propician suspicacias respecto de usted y su mensaje. Un contador de una compañía de energía eléctrica objetó nuestra petición de transmitir un mensaje sencillo. Afirmó: "Cuando hablo ante los alcaldes de estas ciudades en términos llanos, no se dan cuenta del valor de mi experiencia." ...Mmm.

Aun si sus oyentes conocen el lenguaje de la industria, un término poco común puede distraerlos del flujo de información, pues se ven obligados a detenerse a traducir.

La sencillez aumenta la claridad

Comuníquese con su oyente. James Hume, instructor de oratoria y experto en Winston Churchill, explica el punto: "Churchill no expresó: 'las hostilidades se llevarán a cabo en el perímetro costero.' Él dijo: 'los combatiremos en las playas.'" Evite la jerigonza, el lenguaje de la burocracia y las palabras ampulosas en sus playas de presentación.

DIGA LO QUE ACABA DE DECIR: RECAPITULACIÓN

Concluya con convicción

Muchos oradores no concluyen una presentación, sólo la abandonan. Es como una comida sin postre; es como tener una gran cita sin un beso de buenas noches. Otros oradores parecen saltar a una conclusión, como un adolescente que aprende a conducir un automóvil de velocidades. Pretenden frenar y pisan el pedal del freno, entonces saltan hacia adelante con tan sólo una idea más. Después tenemos a aquellos que parece que nunca llegan al final, que exceden el límite de tiempo y fastidian a los oyentes y echan a perder el amable recibimiento que tuvieron.

Después de explicar los tres puntos, empiece a aplicar los frenos. "En conclusión", "por último" o "para resumir" transmite una señal a los oyentes para que presten más atención, el final se aproxima.

Una conclusión contundente se compone de dos partes. La primera es recapitular acerca del beneficio ofrecido. La segunda es presentar un resumen, convocar a la acción o solicitar el pedido, la autorización, hacer el negocio, etc.

Recapitule para reafirmar el recuerdo

El oyente recorrió con usted las bases: primera, segunda y tercera. Pero no anotará si no redondea el mensaje. Repita el beneficio principal (el OM) y los puntos fundamentales. Por ejemplo:

(OM) "Hoy nos concentramos en la importancia de las técnicas efectivas de comunicación para dar a su compañía la ventaja ganadora.

(Puntos fundamentales) Hemos abarcado tres áreas principales:

La prueba de treinta segundos del ascensor

La Fórmula funciona como un acordeón, se contrae o se expande. Imagine que tiene que hacer una presentación importante y le informan que el encargado de tomar la decisión tuvo un cambio en su agenda y no pudo asistir.

Más tarde, se encuentra de pie frente al ascensor y el funcionario responsable de tomar la decisión se acerca, se disculpa y le dice: "Bajemos juntos para que pueda decirme de qué se trata su idea." Si utiliza la Fórmula, será capaz de abreviar con rapidez su presentación de una hora para ajustarse a los 30 segundos que dura el viaje en el ascensor. ¡Usted puede hacerlo!

→ Cómo concentrarse en el interés del oyente.

→ Cómo fundamentar su caso de manera persuasiva, y

→ Cómo presentarlo con confianza."

Esta breve recapitulación presenta todo el conjunto al oyente y le proporciona un *final sólido*.

Como el orador, es posible que piense que es demasiado repetitivo. Aunque espera que la mente del oyente jamás divague, la verdad es que los oyentes sí atraviesan por lapsos de atención y desconcentración. La recapitulación es el último paso para acelerar el proceso de toma de decisión. Aumenta y simplifica el recuerdo. Como resultado, obtiene un ¡sí! ¡SÍ! ¡SÍ! con mayor rapidez.

Conserve la atención del oyente

Muchas personas concluyen una presentación de ventas o charla de motivación con el enfoque en: "Podemos..." o "Debemos..." Cambie eso por: *"Usted"* o *"Su compañía* conseguirá realizar entregas puntuales a un precio accesible." Esto coloca a sus oyentes y sus necesidades en el centro del resumen.

UTILICE UNA ANÉCDOTA CONCLUYENTE Y DESPUÉS SOLICITE EL PEDIDO

En televisión, los presentadores de noticias emplean una anécdota atractiva para concluir. Se trata de una anécdota, un hecho sorprendente o ejemplo que hace aflorar una sonrisa en el rostro de los televidentes o deja algo en qué pensar. Cuando se trata de conquistar a un posible comprador, se requiere algo más. Es necesario informarle que quiere su negocio. La anécdota concluyente conjunta todos los puntos y le brinda una oportunidad de solicitar el pedido.

Cuando la directora de Relaciones con los inversionistas de una compañía que tiene ventas de 2,000 millones de dólares hizo su presentación para los inversionistas, su conclusión hizo recordar que cada vez que su director general prometió resultados específicos en tres planes quinquenales sucesivos, cumplió con lo ofrecido. "Eso significó un rendimiento de 20% para ustedes, los inversionistas." Se mostraron tan impresionados por las promesas cumplidas, que le dijeron que era caso extraño que un ejecutivo empresarial siempre cumpliera.

Concluya con un hecho sorprendente

Ejemplo: Carr Lucas, el gerente de prestaciones de una empresa grande, concluyó una presentación explicando que el costo de las prestaciones iba a acrecentarse en la organización. Él escribió estas cifras en el pizarrón:

$$0.800$$
$$365,000$$
$$1,100$$

Explicó: "0.800 kilogramos es el peso del bebé que mi asistente dio a luz el año pasado. 365,000 dólares fue el costo para la compañía para que ese bebé creciera saludable y pudiera ir a casa. Pero la familia sólo pagó 1,100 dólares. Así que ustedes comprenderán que, aunque el costo de las prestaciones va en aumento, estaremos ahí cuando nos necesiten." La anécdota dio a la presentación una conclusión de interés humanitario.

No tema demostrar sentimientos

Fue muy difícil convencer a los miembros de un equipo en un despacho de contadores de los Seis Grandes de que usaran una anécdota personal como conclusión. Como muchos hombres de negocios, pensaban que era poco profesional emplear el elemento humano para favorecer el negocio.

Habían preparado una lista breve e hicieron una presentación oral ante un hospital muy importante de la ciudad. La empresa había tenido una experiencia poco común con la institución. El año anterior, dos de los socios habían sido heridos en un tiroteo callejero y de inmediato fueron trasladados a ese hospital.

Después de recapitular la presentación, el equipo recordó cómo todos en el hospital, desde los médicos tratantes y enfermeras de quirófano durante la cirugía hasta los ayudantes en el piso habían atendido muy bien a los socios de la empresa y a los miembros de su familia. El socio principal ofreció tratar sus responsabilidades con el hospital con la misma atención que sus colegas habían recibido. Obtuvieron la cuenta.

En una competencia de negocios, todos aquellos que hacen la presentación final pueden lograr ese objetivo. ¿Qué puede decir usted que comunique a quienes deben tomar la decisión que usted se esforzará al máximo por ellos?

NO PUEDE SER TAN SENCILLO

Un abogado en nuestro taller se aproximó a nosotros después del primer día y afirmó: "Las personas que tienen que realizar cualquier tipo de presentación creen que tienen un problema complicado, así que buscan soluciones complejas. La Fórmula Speechworks lo simplifica. Se aprende rápido y es fácil de poner en práctica."

Tracey Green, productora del programa de la agencia de distribución de noticias *Extra,* opinó que la Fórmula Speechworks es tan sencilla como el 1-2-3.

RECAPITULACIÓN

I. Diga lo que sus escuchas tienen que ganar: OM
1.
2.
3.

II. Dígalo
1. Ilustre
2. Ilustre
3. Ilustre

III. Diga lo que acaba de decir: Recapitulación del OM
1.
2.
3.

1-2-3, 1-2-3, 1-2-3, ¡Valsee por el camino hacia el éxito!

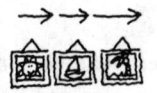

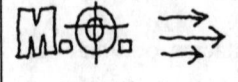

4
Los buenos apoyos visuales, como una fragancia, persisten en el oyente

Cuando pretenda conquistar corazones, mentes y contratos, preséntese con algo que estimule la vista y haga memorables sus presentaciones. Las ilustraciones sencillas, iconos o caricaturas, al igual que las flores, se notan. Estos medios para captar la atención demuestran que usted se preocupó por traer consigo el mejor apoyo.

Los apoyos visuales eficaces marcan una gran diferencia. El auditorio recuerda 80% de lo que ve y sólo 20% de lo que oye. Una imagen sustentada por un texto mantiene despierto y atento al auditorio y reafirma el mensaje, ya sea que utilice diapositivas, vídeo, gráficas generadas por computadora, acetatos, rotafolios, pizarrones u otros objetos de utilería.

Las diapositivas o acetatos con texto, por otro lado, debilitan aun el interés de los posibles clientes más entusiastas. Trabajamos en una presentación que tenía el propósito de recaudar fondos para uno de los hospitales metropolitanos más importantes. Cincuenta y tres de sus diapositivas consistían de texto. Sólo tres mostraban a los doctores y pacientes juntos. La presentación fue un verdadero fracaso. Los pacientes del hospital sobrevivieron, pero la presentación murió.

> "Una imagen vale más que mil palabras."
> —Proverbio chino

LOS APOYOS VISUALES FUNCIONAN CON LOS OYENTES

✔ Captan su atención.

✔ Aumentan su retención.

Las viñetas matan de aburrimiento

Las compañías en Estados Unidos cometen "asesinatos con diapositivas" todos los días. A ojos vistas, las audiencias se han puesto de rodillas cuando un presentador oprime el interruptor de un retroproyector para mostrar una lista con viñetas. Los hombros se dejan caer, los cuerpos se ponen flácidos y las miradas vidriosas. El auditorio pierde el interés aun antes de que el presentador diga una palabra.

No se deje engatusar por la tradición empresarial de emplear diapositivas de texto con el propósito de informar. Tal vez constituyan el estándar de la comunicación en los negocios, pero tienen más valor como anestésico que como una herramienta de comunicación. ¿Cuándo fue la última vez que oyó a alguien comentar en una junta: "¡Buena presentación, pero habría estado mejor con más viñetas!"?

Los medios de transmisión al aire como modelo a seguir

Las personas que transmiten los pronósticos del tiempo por televisión han aprendido que los símbolos o imágenes sencillas lograr convertir la meteorología en algo fácil de recordar.

En Atlanta, un comentarista del clima, Guy Sharpe, de WXIA-TV, afirmó: "Las imágenes nos ayudan a presentar el reportaje sobre el tiempo sin parecer maestros. Las ilustraciones sencillas nos ayudan a explicar información complicada acerca de frentes, tormentas y patrones cambiantes del tiempo. Empleamos el método K.I.S.S. (no lo complique, orador, por las siglas en inglés de Keep it Simple, Speaker). Los apoyos visuales también son útiles para que las personas que padecen deficiencias auditivas comprendan la información acerca del clima."

> "No mate de aburrimiento a sus oyentes con viñetas."
> —Speechworks

Las mismas técnicas empiezan a aplicarse en las áreas de negocios hoy en día. Las gráficas circulares y de otros tipos son los apoyos visuales preferidos por las compañías de Estados Unidos. Observe la tendencia a las gráficas que ha surgido en las revistas, incluyendo a *BusinessWeek*, *U.S. News & World Report* y *Fortune*. Los periódicos como *USA Today* usan ilustraciones gráficas para relacionar las estadísticas con el tema y atraer la atención hacia los datos.

El color aporta energía. *USA Today* puso el ejemplo al utilizar el color en los periódicos que se publican todos los días, y ahora hasta el *New York Times* lo emplea.

Los apoyos visuales simplifican los conceptos

Los apoyos visuales hacen que la información sea fácil de entender. Los textos en acetatos ayudan a un orador a organizar y presentar el mensaje, pero para el ojo del oyente, el texto en pantalla se convierte en un patrón borroso e indefinido que no aporta ningún valor. Cuando las palabras aparecen, la mayoría de nosotros oscilamos entre leer, escuchar y perder información con cada cambio.

La mente piensa y almacena la información de manera visual. Los mapas, planos, diagramas mecánicos, logotipos, signos de dólares, fechas del mercado bursátil e incluso los sueños forman parte de nuestros recuerdos visuales. El símbolo adecuado da vida a la idea y narra la historia. Si no es capaz de poner en imágenes el concepto, es que no lo ha meditado en detalle. Simplifíquelo para que el escucha se sienta inteligente.

Las imágenes tienen un poder permanente

Es posible que el auditorio olvide las palabras del orador treinta minutos después de una presentación, pero aprobarían un examen sobre las imágenes una semana después. Ponga en práctica el popular juego llamado Pictionary y piense en ideas visuales que comuniquen su información. En el juego, el participante debe transmitir las ideas en forma de imágenes. En el juego de *Charadas*, el equipo que comprende el mensaje más pronto obtiene una mayor puntuación. Intente estos ejemplos:

Utilice bolsas de comestibles, en lugar de una gráfica de barras, para comparar los altibajos en las ventas de comestibles a lo largo de un periodo de cinco años.

Coloque un edificio grande junto a otro más pequeño para demostrar qué compañía constructora tiene un volumen de ventas mayor.

Elabore una gráfica de los altibajos en las operaciones de una línea de cruceros como el rumbo de un viaje en barco.

Elija un reloj, una moneda, o un corte transversal de un tronco para trazar una gráfica circular eficaz.

Dibuje un billete de dólar que pasa de mano en mano para representar el término *flujo de efectivo*.

Dibuje un aviso que indique la salida para reforzar las palabras *recorte de personal* en una presentación.

Use una fotografía de un bosque como apoyo visual en el fondo para una presentación sobre el ambiente.

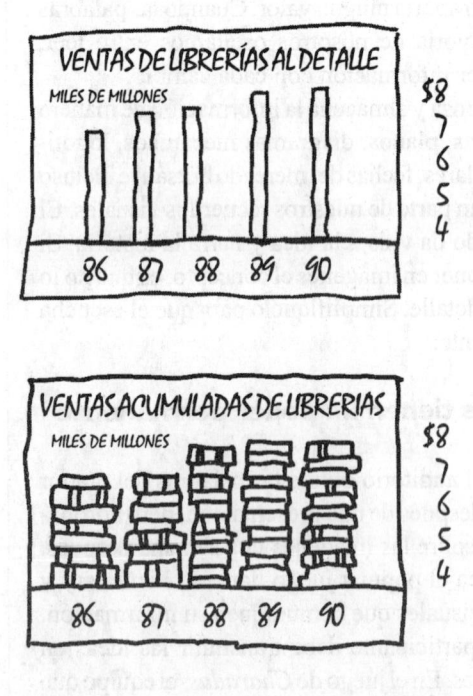

Ejemplo de utilización de imágenes significativas para comunicar una idea.

Los objetos de utilería ilustrativos fomentan las relaciones

Renee Levow, especialista en planes 401K y uno de los vicepresidentes de Robinson Humphrey Company, estableció una buena relación de comunicación con el público de su seminario mediante el uso de objetos de utilería.

Abrió el taller con el comentario: "Vamos a cortar la cinta roja", mientras blandía en el aire la espada de Darth Vader que había sacado de la caja de juguetes de su hijo. "Fue arriesgado utilizar objetos de utilería", comentó. "Sin embargo, descubrí que los participantes en el seminario se mostraban mucho más receptivos en un nivel personal cuando realicé las llamadas de seguimiento. Los objetos de utilería me hicieron parecer más humana en mi calidad de experta en finanzas. Me sorprendió cuánto recordaban de la información que abarqué. Su disposición me hizo entender su panorama financiero y dio como resultado la obtención de nuevos negocios."

Los objetos de utilería son un gran negocio. Los abogados litigantes compran objetos anatómicos de utilería para explicar las lesiones complicadas de las víctimas a los miembros del jurado. Construyen modelos a escala para simular accidentes.

Las demostraciones despiertan interés

La demostración de un producto en directo o en vídeo, una serie sencilla de diapositivas, incluso un dibujo en una servilleta de papel lo ayudarán a demostrar su idea.

El publicista Joey Reiman, presidente de Bright House y autor de *The Handbook* (Longstreet Press), dio una conferencia a un grupo de empresarios acerca de lo que se necesita para triunfar en los negocios. Ofreció cinco puntos e ilustró cada uno de ellos con un dedo diferente de la mano.

Empezó con el pulgar apuntando hacia arriba para indicar una actitud positiva. Después dijo: "Utilicen el dedo índice para señalar lo que quieren. Sean determinados y denle el ademán del dedo cordial al miedo. Empleen el cuarto dedo para recordar para marchar hacia su meta. El dedo meñique es el recordatorio de la importancia de los pequeños detalles, como una sonrisa, decir gracias o hacer una llamada telefónica." Un mensaje sencillo, ilustrado de manera creativa, que se recuerda al instante.

La importancia de mantener su inversión.

LOS APOYOS VISUALES FUNCIONAN EN SU BENEFICIO

✔ *Los apoyos visuales aclaran sus ideas*. Cree un apoyo visual para las grandes ideas. Las imágenes ayudan a esclarecer el punto o el concepto que se desea comunicar. Pregúntese: "¿Cuál es el punto de cada apoyo visual y qué mensaje recibirá el público?" A medida que responda a cada pregunta, podrá hacer simplificaciones o correcciones.

✔ *Los apoyos visuales mantienen el rumbo*. Proporcionan un mapa personal del camino. Cuando cada punto principal tenga un icono, sabrá dónde se encuentra en su presentación.

✔ *Los apoyos visuales derriban las barreras del idioma*. Imagine escuchar una presentación completa en alemán, sustentada en textos clasificados en viñetas en alemán. Las ilustraciones sencillas crean relaciones y favorecen la comodidad.

Greg Gregory, presidente y director general de IDI, Industrial Developments International, saludó a sus colegas japoneses en japonés. Su presentación fue en inglés. Aunque ellos ENTENDÍAN inglés, los apoyos de tipo visual "redondearon el concepto nuevo y complicado."

✔ *Los apoyos visuales añaden interés*. Un ejecutivo que presentaba una actualización sobre la expansión internacional del producto de su organización intercaló en las viñetas imágenes de lugares famosos de cada país. El texto se redujo y le permitió establecer una relación, a manera de conversación, entre las estadísticas y el paisaje.

✔ *Los apoyos visuales crean confianza*. Los apoyos visuales son sus socios en una presentación fuerte y memorable. Si emplea notas escritas, considere la preparación de una secuencia de imágenes en boceto que le darán la señal para hablar en lugar de *leerlas* (véase página 60).

AÑADA CHISPA A SU PRESENTACIÓN

✔ Preparación.

✔ Originalidad.

✔ Materiales aprovechables.

Póngase en el lugar del oyente. ¿Preferiría una avalancha de información en 60 diapositivas de las cuales trataría de obtener unos cuantos conceptos? ¿O le gustaría una imagen instantánea de lo que la información puede hacer por usted, dirigida a la vista y el oído? Proporcione conceptos y conclusiones, así como también datos de respaldo en la forma de materiales para distribuir.

Preparación

Traduzca su información en imágenes. Cree apoyos visuales rápidos de leer que reafirmen de manera instantánea el mensaje y se adhieran como con pegamento en la mente de los oyentes. Los apoyos visuales disminuyen 28% el tiempo de las reuniones, de acuerdo con un estudio realizado por el Wharton Center for Applied Research.

Tome el concepto básico del objetivo del mensaje y de los tres puntos y visualícelos. Por ejemplo, en nuestro ejemplo de solución rápida (véase capítulo 1), nuestro objetivo del mensaje era: *"Cómo atraer y conseguir negocios* aumentará las actividades comerciales de usted y de su compañía."

El gancho, el OM y los tres puntos son los apoyos visuales del concepto. Es posible aumentar estos cinco apoyos visuales del concepto, dependiendo de la duración de la presentación. Conceda sólo un apoyo visual por minuto.

Los tres puntos eran:

1. Establezca su caso de manera persuasiva al utilizar la Fórmula Speechworks.

2. Preséntelo con convicción.

3. Utilice la Fórmula para triunfar en todo tipo de presentaciones de negocios.

Tablas y gráficas

Sin una conexión visual con el tema, todas las gráficas son iguales... sólo su creador las reconoce. Es necesario que las estadísticas, como ilustraciones de los puntos, no sean planas, amenazadoras ni anónimas; que sean capaces de contar la historia en una imagen. Vea las siguientes muestras para darse una idea.

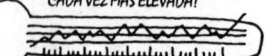

1. *Gráfica de termómetro.* En ella se muestran las cantidades trazadas a lo largo de un periodo; es un repaso rápido al flujo de un conjunto de cifras.

2. *Gráfica de barras.* Es la visualización de las cantidades; se emplea para mostrar una comparación de productos diferentes.

3. *Gráfica circular.* División del todo en partes, por lo general, en porcentajes.

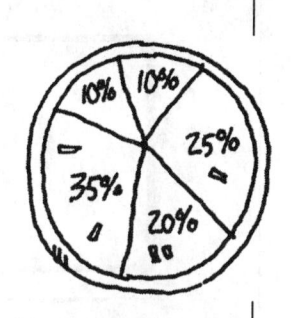

Cree un boceto de secuencias.

Los bocetos de secuencias se emplean por las agencias de publicidad, cineastas y presentadores soberbios de negocios como usted para seguir el curso de las presentaciones.

Los bocetos de secuencias ayudan a producir el mayor efecto en su auditorio. También sirven como un guión visual que proporciona señales a través de su presentación. Con la práctica, le resultará cada vez más fácil y persuasivo hablar acerca de sus apoyos visuales que leer un guión escrito.

He aquí un ejemplo de un boceto de secuencias. Empiece con la diapositiva del título. Colóquela antes de que la presentación dé inicio. Si es para una presentación de un negocio nuevo e importante, cree un apoyo visual que incluya el logotipo de su posible cliente así como el propio. Otra manera es utilizar una diapositiva como portada que incluya su logotipo.

LUIGI'S
UNA REBANADA
MÁS GRANDE

Un boceto de secuencia de contenidos sin logotipos.

Speechworks
CHAMBERS & ASMER

Boceto de secuencias

1 — Gancho - Un argumento inicial, pregunta, etcétera, para captar la atención.

2 — OM - un mensaje que satisfaga las necesidades del oyente (WII-FM).

3 — Los tres puntos principales que sustenten el OM

Diga lo que tiene que decir

4a — Punto # 1

4b — Anécdota, analogía, ejemplo, hecho, etcétera, para demostrar el punto # 1.

5a — Punto # 2

5b — Anécdota, analogía, ejemplo, hecho, etcétera, para demostrar el punto # 2.

6a — Punto # 3

6b — Anécdota, analogía, ejemplo, hecho, etcétera, para demostrar el punto # 3.

Dígaselos

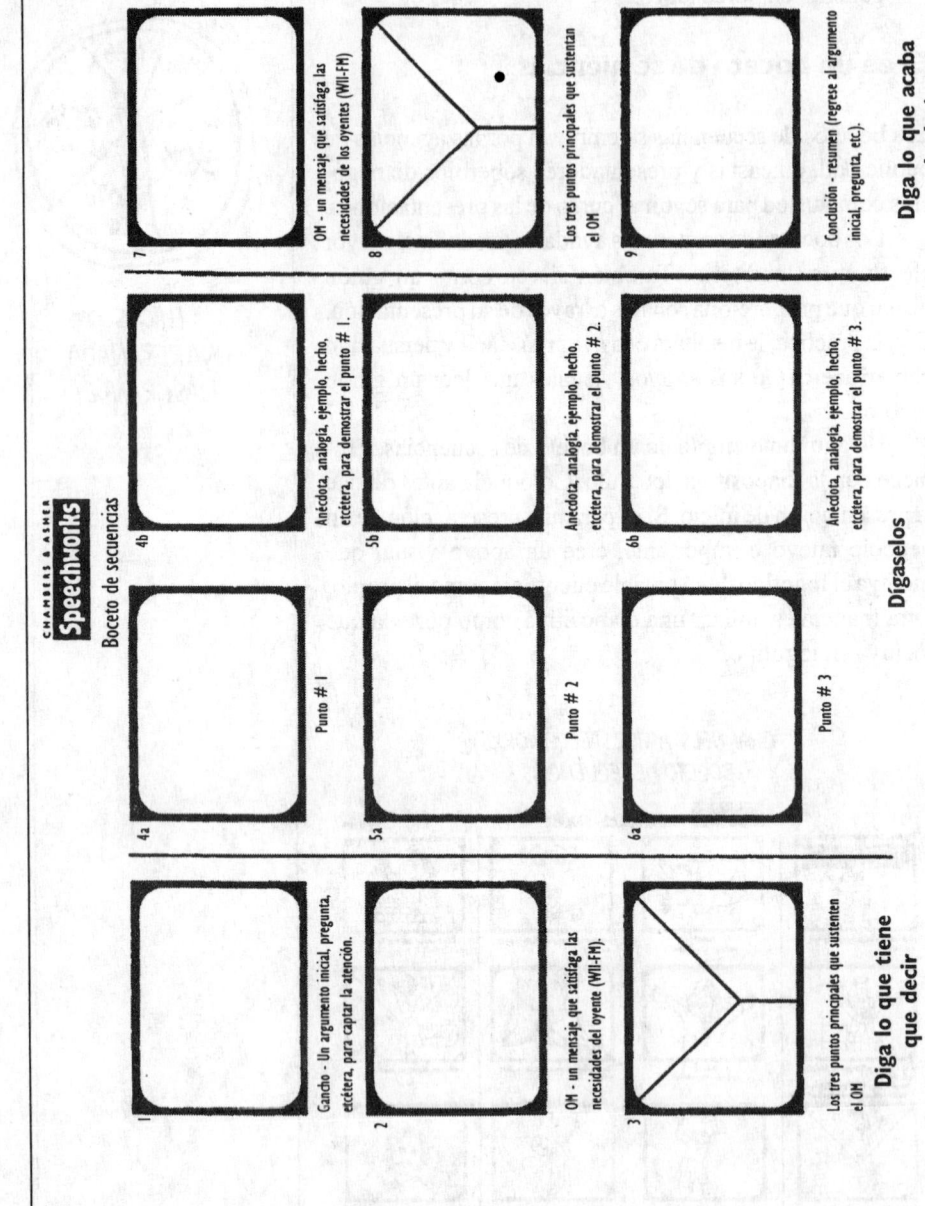

7

8 — OM - un mensaje que satisfaga las necesidades de los oyentes (WII-FM)

9 — Los tres puntos principales que sustentan el OM

Conclusión - resumen (regrese al argumento inicial, pregunta, etc.).

Diga lo que acaba de decir

Originalidad

Las caricaturas, ilustraciones de archivo y computarizadas, fotografías e iconos narran su historia. El *Dover Handbook of Pictorial Symbols* (de Dover Publications, Nueva York) es una fuente de ilustraciones sin derechos de autor que pueden copiarse, colorearse o ampliarse.

TRABAJO DE EQUIPO

Un artista aficionado que trabaje en su oficina, estudiante o profesional, puede crear apoyos visuales en forma de caricaturas. Sara Dyck, gerente de servicios de asesoría en Smith Barney, utiliza diapositivas de dibujos sencillos, hechos a mano, para introducir a los corredores al área compleja de las inversiones. Un corredor experto, después de ver y oír su presentación, afirmó: "Es la primera vez que entiendo verdaderamente las oportunidades que TRAX ofrece a mis clientes."

Cree gráficas por computadora consistentes y bien diseñadas

Precaución: los conocimientos de informática no necesariamente implican un buen sentido del diseño ni del equilibrio al crear las diapositivas.

LANZAMIENTO

GANAR

ALTA TECNOLOGÍA

COMUNICAR

✔ Utilice un programa, como PowerPoint, que ofrezca plantillas de fondo, para dar un esquema de color y diseño consistentes.

✔ Elija no más de tres estilos de caracteres (fuentes) para una presentación en diapositivas o acetatos.

✔ El color logra un mayor efecto: limítese a los tres colores primarios, en la base. Utilice otros como realce para destacar las palabras clave o añadir atractivo a sus apoyos visuales. Los fondos oscuros ocultan el polvo inevitable que se proyecta como serpientes en la pantalla.

✔ Añada el logotipo de su compañía en la esquina de cada apoyo visual.

✔ Incluya el logotipo del cliente potencial en la presentación de un nuevo negocio.

✔ Coloque una referencia al punto descrito mediante un símbolo en la esquina del apoyo visual, en caso de que cuente con varios materiales visuales relativos a un punto.

✔ Elija material gráfico uniforme del archivo de imágenes. No mezcle ni compare estilos. Así como no usaría un saco a rayas con pantalones a cuadros, debe evitar mezclar los iconos con las caricaturas en la mayoría de los casos.

Materiales aprovechables

Elija sus armas. En el caso de los medios electrónicos, es conveniente tener un respaldo por si acaso se presentan fallas en el equipo.

PRÁCTICA, PRÁCTICA, PRÁCTICA

"Detalles, detalles, detalles", gritó Alvin Flanagan, ex presidente de Gannett Broadcasting. Un programa de televisión o una gran presentación sin errores se hace a través de los detalles. Practique con los apoyos visuales como un profesional. He aquí algunas sugerencias que le ayudarán a crear una presentación impecable.

✔ Conozca la sala con anticipación. Si es posible, la pantalla debe colocarse a un lado. Usted debe estar en el centro.

✔ Encare al oyente, no a los apoyos visuales. Mantenga los dedos de los pies en dirección al frente para obligarse a mirar hacia su auditorio. Hable con sus oyentes, *jamás hacia el apoyo visual.*

OPCIONES DE MEDIOS PARA APOYOS VISUALES

	Rotafolios	Pizarrones y objetos de utilería	Acetatos	Computadora	Diapositivas	Cintas de vídeo
Tamaño del auditorio	Menos de 20 personas	Menos de 20 personas	Alrededor de 100 personas	Depende del tamaño de la pantalla	Varios cientos de personas	Pequeño o grande
Complejidad del diseño	Sencillo. Puede hacerse durante el programa	Hecho a mano o ampliaciones generadas por computadora	Sencillo. Puede hacerse en la copiadora de la oficina	Necesario contar con habilidades para la computadora	Cualquier cosa que pueda fotografiarse	Cualquier cosa que pueda grabarse con una cámara de vídeo
Requisitos de equipo y de la sala	Caballete y papel.	Apoyos visuales montados en pizarrones de núcleo de hule espuma.	Proyector y pantalla.	Monitor de computadora solo o con un proyector LCD, panel y pantalla.	Proyector y pantalla.	Monitor de vídeo, pantalla grande o monitores múltiples.
Tiempo de producción	Tiempo de realización del dibujo.	Tiempo de ampliación y copiado.	Tiempo de realización de dibujo y escribir a máquina; es posible copiar de manera instantánea.	Varía. Puede cambiarse en el lugar.	Tiempo de diseño y fotografía, además de por lo menos 24 horas de tiempo de producción.	Varía. Desde testimoniales sencillos hasta cintas de vídeo editadas de locaciones múltiples.
Costo	Barato, a menos de que los dibujos los realice un profesional.	El precio es accesible.	Hechos en casa, sin costo hasta caros.	Uso del software existente.	Desde 20 dólares cada uno y más.	Desde caseros hasta caros.
Consideraciones	Utilícese para registrar retroalimentación del oyente.	Una tienda de fotocopiado, como Kinko, amplifica o monta los tableros en blanco y negro o color.	¨ Presente con las luces encendidas y mantenga buen contacto visual. ¨ Sea interactivo y registre la retroalimentación de los oyentes en un acetato.	¨ Es posible que el público se interese más en los trucos de la computadora que en la información. ¨ Necesita apoyo de un operador.	¨ Un cuarto oscuro acabará con su relación con los oyentes. ¨ Oscurezca el frente de la sala; mantenga las luces encendidas en la parte posterior.	No lo extienda. No más de tres a cinco minutos.

✔ Coloque un indicador (por ejemplo, un punto verde adherible) en el botón para adelantar del cambiador de diapositivas para evitar contratiempos.

✔ Espere a que aparezca el material visual antes de hablar.

✔ Señale el apoyo visual con el brazo más cercano a él.

✔ Reseñe de manera preliminar la información sobre un apoyo visual texto/números de manera verbal, antes de entrar en detalles sobre la información. Como resultado, el oyente no se distraerá al leer con anticipación. Esto se denomina "quitarle el valor de la novedad al apoyo visual."

✔ No impresione a un pequeño grupo con una diapositiva o acetato que sea de un tamaño excesivo.

✔ Prepárese a "actuar como solista." Los apoyos visuales son grandes compañeros, pero si por alguna razón fallan, el espectáculo debe continuar.

✔ "Los apoyos visuales son objetos de utilería sensacionales, pero no son el espectáculo", afirma el abogado Gardner Courson, socio principal de Glass, McCullough, Sherill & Harrold. "Escuché a un orador con las más hermosas diapositivas que había visto en la vida, pero esto no importó porque resultó ser el más aburrido que había conocido." Y ésa es la verdad.

Los apoyos visuales sencillos constituyen un idioma universal que le ayudará a divertir, interesar y relacionarse con sus oyentes. Los "conquistadores" exitosos saben que no es posible aburrir a un público para lograr después que compre algo; los oradores expertos mejoran una presentación utilizando apoyos visuales como socios.

RECAPITULACIÓN

OM: Los apoyos visuales mantienen la atención de los oyentes.

→ Reafirme su mensaje con apoyos visuales.

→ Aumente la retención más de 50 por ciento.

→ Practique con apoyos visuales para evitar distracciones y parecer más uniforme.

5
Las mentes inquisitivas quieren saber: manejo de la sesión de preguntas y respuestas

5

Cuando el oyente plantea una pregunta y el corazón empieza a latir con rapidez, relájese. Las preguntas en las reuniones personales, presentaciones pequeñas de equipo, o grandes seminarios de ventas brindan al presentador de negocios la oportunidad de triunfar, ya que permiten conocer de inmediato lo que piensan sus oyentes y lo que opinan respecto a su mensaje.

Las mentes inquisitivas quieren saber. Los compradores y consejos de administración siempre hacen las preguntas más complicadas. En el instante en que plantean una pregunta, su trabajo consiste en contestarlas de manera resuelta, convertir las objeciones en oportunidades y controlar su destino.

Una pregunta que parezca brusca puede funcionar en su beneficio. Mientras peor parezca, mejor se relacionarán los demás. Una respuesta bien pensada captará la atención del auditorio y le permitirá anotar puntos que aumenten su credibilidad.

> "¿Tienen alguna pregunta para las respuestas que preparé?"
> —Henry Kissinger

RESUELVA CON ANTICIPACIÓN

Cómo manejar con facilidad las preguntas difíciles

La mayoría de la gente planea la estrategia de sus presentaciones y hace de lado la sesión de preguntas y respuestas.

No es una buena idea. Casi nadie planea las preguntas y respuestas, porque se cree que las primeras son impredecibles. No es verdad. Si conoce a su auditorio y sus preocupaciones, será capaz de predecir ocho de cada diez preguntas. El ex presidente Bush y su equipo de comunicaciones tenían una tasa de 85% de precisión en la predeterminación de las preguntas que los medios masivos de información harían durante las conferencias de prensa. Usted puede hacer lo mismo. Piense en las peores preguntas con anticipación. Prepare respuestas buenas, sólidas, a cada una de ellas. Deben ser breves. Prepárese para explicar un punto e ilustrarlo.

El *consejo del crimen* es el término militar para una sesión de práctica de preguntas y respuestas. Pida a sus colegas que lancen todo tipo de preguntas. Y después *practique*. Consulte a personas ajenas para que hagan preguntas, extraños que puedan tener las mismas preocupaciones que su auditorio. A menudo ocurre que los miembros de un equipo están tan familiarizados con la situación que plantean preguntas demasiado complejas y pasan por alto las más sencillas. Pida a terceros que le digan qué preguntas harían. Considere las diferencias culturales que cambiarían las actitud de los interrogadores. ¿Qué preguntas haría un director general? ¿Qué objeciones pueden esperarse del departamento de recursos humanos o del director de finanzas?

Grabe el ensayo

Grabe en cinta el ensayo de la sesión de preguntas y respuestas. La retroalimentación de sus colegas y su propia evaluación personal mejorará su desempeño. Un buen ensayo de preguntas básicas y combativas en la comodidad de su propia oficina crea confianza y elimina un ataque en un punto ciego por parte de los encargados de la toma de decisiones.

Observe su presencia mientras responde a la preguntas. ¿Se muestra abierto? (Debería.) ¿Cerrado? (Ése es un error: su auditorio pensará que oculta algo.) ¿Tiene la mano sobre la boca? (No debería tenerla ahí.) ¿Asiente mientras escucha? (Si la pregunta es negativa, tal vez parezca que usted está de acuerdo.)

Observe las señales

Algunas preguntas provocan reacciones que tienden a hacer que los miembros del equipo se preparen para el combate o que se sientan a la defensiva. Las preguntas funcionan como los semáforos: la luz roja señala hostilidad o agresividad; el amarillo destella una advertencia; el verde indica continuar y proporcionar una respuesta informativa y tranquila. Sus respuestas siempre deben ser verdes.

Aunque no es posible colocarse en los zapatos ya muy desgastados de los interrogadores, sí es factible detectar que cuentan con la experiencia y conocimientos que los hacen formular las preguntas de luz roja o amarilla. Antes de responder, encienda su propia luz amarilla de precaución y pregúntese: "¿Por qué esta pregunta?" Adquirirá una nueva perspectiva y será capaz de explicar su posición de manera clara y paciente.

El general Norman Schwarzkopf fue el instructor el responsable de los informes y conferencias de prensa durante la Operación Tormenta del Desierto. No defendió sus acciones de manera agresiva, sino que pacientemente explicó la estrategia y cómo había llegado a cada decisión para actuar. Ése es el método de la luz verde.

Elimine lo negativo

Si alguna vez ha presenciado un programa de televisión cuyo centro de acción sea un juicio, sabrá que existen dos lados para cada situación. Al responder preguntas, asegúrese de que su versión se explique de manera clara, segura y se respalde con pruebas.

Si la pregunta tiene un matiz negativo como: "¿Por qué sus honorarios son tan elevados?", es responsabilidad de usted cambiar la perspectiva. Repita la pregunta de una manera positiva: "Permítame explicar nuestra estructura de honorarios."

Reagan se desempeñó bien cuando respondió a las preguntas sobre la Enmienda sobre Igualdad de Derechos (ERA, por sus siglas en inglés). Después de suscitar la cólera de sus oyentes, cuando se le preguntó su actitud respecto al tema dio una respuesta positiva. "Creo en la igualdad de derechos para las mujeres, pero creo que existen otros medios para manejar la situación." Es posible que usted no haya estado de acuerdo con él, pero su respuesta positiva mantuvo al público interesado.

Adopte el enfoque de equipo para responder a las preguntas

Guy Patton, presidente de Patton Construction Company en Atlanta, afirmó que él y su equipo habían anticipado las preguntas principales que se le harían en una presentación reciente para un hospital. "Cuando se formuló la pregunta respecto a la experiencia de la compañía en un cierto proyecto, cada uno de los miembros de nuestro equipo respondió de manera personal y específica, con base en su área de experiencia. Las respuestas acumuladas, en lugar de una sola, lograron una credibilidad más amplia."

Añada el toque humano

La sinceridad y el afecto crean confianza en una sesión de preguntas y respuestas, como resultado de la capacidad de mostrar su lado humano.

Una crisis empresarial puede consistir en cualquier cosa: la demanda contra Dow Corning por los implantes de seno, el derrame de petróleo del Exxon *Valdez* o un cliente insatisfecho con usted después de un infortunio. La clave para controlar los daños es escuchar y mostrar un interés genuino. Incluso los siempre precavidos abogados con los que trabajamos dicen que demostrar preocupación es aceptable y no interfiere en una demanda jurídica. Exxon contestó con evasivas y bloqueó al público. El hecho de que el presidente de la compañía no se presentara en la escena del accidente y demostrara su preocupación por el medio ambiente aumentó la ira del público y de los accionistas. Escuche, y escuche con interés. Aun si no es posible solucionar la situación, demuestre respeto por aquellos implicados.

CONTROLE LA MECÁNICA DE PREGUNTAS Y RESPUESTAS EN UN GRUPO GRANDE

Las sesiones de preguntas y respuestas en reuniones individuales o presentaciones de equipo son más breves y más concentradas que en los seminarios de ventas. Los auditorios más grandes presentan un rango mayor de preguntas potenciales.

Inicio rápido de la sesión de preguntas y respuestas

Las preguntas en un seminario a menudo empiezan con demasiada lentitud. La gente necesita tiempo para pensar. Temen las reacciones del orador, o simplemente no quieren ser los primeros. Para iniciar las actividades, diga: "La pregunta que más me hacen es: '¿Cómo se mide el riesgo de esta estrategia?'", o "Antes del programa, Jim preguntó..." También es aceptable plantear una pregunta al auditorio.

Cuando las preguntas empiecen a surgir, recompense a los interrogadores. Agradezca su pregunta. Evite decir: "Es una buena pregunta." Tal vez otros piensen que las suyas no lo fueron.

Tres razones por las que no hay preguntas

1. Habló demasiado tiempo y quieren salir a comer.
2. Ofendió a alguien y lo están castigando.
3. No comprenden y temen hacer una pregunta tonta.

Repita la pregunta

Mantenga la participación y el interés de los oyentes al repetir una pregunta. Esto permite al público que se encuentra al fondo de la sala, y que inicialmente no oyó la pregunta, permanecer interesado. También aminora el ímpetu del momento, le da tiempo para pensar y le ayuda a tomar el control si la situación es hostil.

Controle una pregunta de facetas múltiples

Cuando un miembro del público pregunta: "¿Qué planes tienen para el nuevo producto 'X'? ¿Por qué cuesta tanto? ¿Cuándo se lanzará?" Sonría y aproveche la oportunidad para desatar la pregunta. Responda: "Acaba de hacerme tres preguntas. Permítame responder una por una." En seguida, elija qué pregunta debe contestar primero.

Un médico con el que trabajamos respondió una pregunta médica multifacética al decir: "Permítame responder primero a la segunda pregunta y después abordaré la primera y la tercera, si tenemos tiempo." Controle la situación y su destino.

Si no conoce una respuesta, pida ayuda

En una situación de preguntas y respuestas, usted no es el único experto en la sala. Si recibe una pregunta que no pueda manejar, pida a un colega que lo apoye o reciba información del grupo. Hay un gran riqueza de experiencias en el lugar. Se verá recompensado con todo un mundo de ideas nuevas sobre el tema. Constituye una gran oportunidad para interactuar, para demostrar liderazgo.

Si se encuentra solo y no tiene idea de la respuesta a una pregunta, no deje que el pánico se apodere de usted. Admítalo. Cree confianza al ofrecer averiguar la respuesta y contestar rápidamente al interrogador. Las buenas técnicas de comunicación no se refieren a la perfección, sino a establecer una relación.

Evite avergonzar a un asistente

Si un asistente repite una pregunta formulada con anterioridad, respóndala de nuevo de una manera diferente u ofrezca un ejemplo diferente. Ésta es su oportunidad de demostrar que usted es un profesional. Los oyentes tomarán partido por el interrogador si usted es descortés, ya que pensarán: "Ése podría haber sido yo."

Manejo de una declaración disfrazada de pregunta

Es posible que los competidores asistan a su seminario y hagan preguntas capciosas, o se pongan de pie para exponer declaraciones interminables.

Acepte una sugerencia de Larry King de la CNN. Él está pronto a interrumpir a los que gustan de divagar con: "¿Cuál es su pregunta?" El público asistente a un seminario está de su lado y no quiere que un orador en búsqueda de auditorio ocupe su tiempo.

Si un oyente lo saca de quicio, pida el nombre y compañía del asistente. Esto pone en evidencia rápidamente a los competidores o tranquiliza a un protagonista.

Evite la discusión acalorada o riña

Los oyentes esperan que usted asuma el control en una sala donde los ánimos estén encendidos o sobre un carácter explosivo. Hágase cargo de la situación con prontitud y no permita que una situación difícil se salga de control.

Si dos personas se acaloran demasiado en la discusión respecto a un punto, intervenga y diga: "Parecen un poco agitados respecto a este punto. Me gustaría conocer ambas versiones." Mire a uno y pregunte: "¿Qué opina respecto a la situación?" Después pregunte al otro: "¿Cuál es su versión?"

Ventile el problema en público. Procure que sus comentarios sean equilibrados. Otorgar a cada participante tiempo de aire a menudo resuelve la situación. Si ésta continúa acalorada, pida que se reúnan con usted después de la sesión y proceda a atender las otras preguntas.

EL LENGUAJE CORPORAL DE UN LÍDER

La presencia es crítica para mantener el control en una sesión de cualquier tamaño de preguntas y respuestas. Es momento para parecer y actuar como un líder. Aléjese del podio o póngase de pie al lado de la mesa. Elimine las barreras entre usted y su oyente.

Póngase de pie o siéntese con autoridad, inclínese hacia adelante, las manos deben estar abiertas, no cerradas. Establezca contacto visual con la persona que plantea la pregunta, después continúe y comparta su respuesta con los demás. Es posible que muchos oyentes tengan la misma pregunta.

También es un buen método para controlar al *dominador,* el que le gusta hablar. Mire a la persona mientras formula la pregunta, después avance y mire a alguien más mientras responde. Cuando termine su respuesta, dirija la mirada y el cuerpo a otra parte de la habitación.

Demuestre interés en la preocupación del interrogador, incluso si las preguntas son difíciles. No recurra a cruzar los brazos o apuntar con el dedo. Olvide la reacción de menear la cabeza. Puede transmitir cualquier mensaje, desde "estoy de acuerdo", cuando no lo está, hasta "apresúrese y termine." Manténgase sereno y resista la tentación de interrumpir. Los movimientos corporales hablan más elocuentemente que las palabras.

TERMINE CON UNA RECAPITULACIÓN

Termine la sesión de preguntas y respuestas con efecto. Asegúrese de que los encargados de la toma de decisiones se retiren habiendo comprendido a la perfección el objetivo del mensaje y los tres puntos. Cierre una reunión individual o de grupo, una presentación en equipo o un seminario grande con una recapitulación final de su OM y los tres puntos, seguidos de una convocatoria a la acción. De esa manera estará en posición de controlar el mensaje final que el oyente se llevará.

RECAPITULACIÓN

OM: Las preguntas constituyen una oportunidad para establecer la credibilidad.

→ Planee una sesión de preguntas y respuestas, predeterminando las preguntas fáciles y difíciles.

→ Responda con paciencia, no a la defensiva.

→ Actúe y muéstrese como líder.

PARTE 2

TODOS LOS MOVIMIENTOS CORRECTOS

Ella hacía todos los movimientos de manera correcta. Movía las manos con naturalidad, se mostraba segura y controlada. Hablaba despacio y de manera deliberada y, desde el primer momento, la voz irradiaba entusiasmo. La experiencia la llevó a nuevas alturas.

ATENDAMOS EL ASPECTO FÍSICO: 93% DE LA SOLUCIÓN

El doctor Albert Mehrabian, un investigador de comunicaciones de UCLA afirma que el sujeto visual: postura, ademanes y movimientos, es responsable de 55% de lo que el auditorio cree, la impresión causada. La energía en la voz corresponde 38% de esa misma impresión. Lo cual equivale a 93% de la solución. Sin esto, el oyente no asimilará su información... 7% restante.

Esta sección demuestra cómo relacionarse con el público al utilizar las cinco técnicas básicas de presentación: postura, contacto visual, ademanes, movimiento, 55%; y energía de la voz y la pausa, 38%. Aprenderá cómo su postura y la forma de sentarse transmiten el mensaje de que usted es abierto y seguro de sí mismo, incluso si no se siente así. Cuando se trata de atraer a un cliente, no es lo *que* dice, sino *la forma* en la que lo dice lo que conquista los corazones y los apretones de manos. Aprenderá cómo fortalecer la voz masculina o femenina y a cultivar el poder de la pausa.

Este libro contiene técnicas sencillas que le darán la seguridad para hacerse oír como usted quiere; el valor para hablar con pasión.

Usted ha empleado estas técnicas desde que tenía 18 meses de edad. Conocer el lenguaje corporal adecuado impulsa la confianza y le asegura que aun cuando no se sienta como un profesional, tendrá la apariencia de un ganador.

Antes de empezar a aprender estas técnicas, hay un obstáculo que tal vez tenga que superar. La mayoría de la gente cree que hablar ante un grupo la pone nerviosa. Hablar en público se cita como el temor número uno, antes de los problemas de salud. El pánico escénico es normal. Como productores de televisión, vimos esto con muchos invitados al programa *Noonday,* un poco antes de salir a escena. Los profesionales saben cómo enfrentar este problema. Lo esperan. El capítulo 6 le muestra cómo esquivar los ataques de nervios y derrotar a esa voz interna, fastidiosa y contraproducente. Le enseñará como manejar los nervios que aceleran el pulso y doblan las rodillas con que reacciona el cuerpo cuando usted tiene que hacer esa presentación tan importante.

Los ensayos son fuente de energía. Elimina los titubeos y balbuceos. Cada *ensayo* aumenta la familiaridad con el contenido, pone en marcha la presentación y planta las semillas gigantes de la seguridad. En el capítulo 14, aprenderá como evitar los problemas de ensayar y practicar ante la cámara.

No hay pretextos. Usted se comunica todos los días en este entorno cambiante de trabajo. No puede darse el lujo de no esforzarse al máximo para garantizar el éxito profesional.

LOS SEIS PRETEXTOS MÁS COMUNES PARA REALIZAR PRESENTACIONES ABURRIDAS

1. *"Soy del tipo fuerte y silencioso."*
   ¿Se entusiasmó cuando jugando golf logró hacer que la pelota entrara en el hoyo ganador, o cuando vio a sus hijos caminar por primera vez? ¿Alargó los brazos y los animó a seguir? La energía en la voz lo hará parecer como si creyera en su tema.

2. *"No es parte de nuestra cultura; la gente aquí no acostumbra hacer así las cosas."*
   Traducción: Nuestro presidente es un pelmazo. Es la presión de los pares. El líder de una organización establece el tono y esto puede convertirse en un pretexto para tomar la ruta segura y almidonada. Hasta que usted se convierta en el jefe y el equipo tenga que escucharlo por ser quién es, tendrá que depender de su contenido y entrega para mantener la atención de sus oyentes.

3. *"No soy actor."*
   ¿Ah, no? Bueno, ¿usa ese traje formal/disfraz los sábados? ¿Qué hace cuando una persona lo saluda y dice: "Hola, Randy, ¿cómo te va?" y usted no tiene idea de quién se trata?... Eso es actuación.

4. *"Mi información habla por sí sola."*
   Lo que se *oye* depende de *cómo hable*. Tiene que mantenerlos despiertos si quiere que oigan su información.

5. *"Estoy tan nervioso, sólo voy a leer la información y hacerla lo más breve posible."*
   Un comunicador que entabla una conversación parece menos nervioso que otro monótono e inmóvil.

6. *"El público ya se decidió."*
   Un caso bien documentado que se presente de manera convincente aumentará su credibilidad. Es posible que no obtenga el triunfo, pero causará una impresión positiva para fundamentar su reputación a largo plazo. Un cliente en el ramo de la construcción con quien trabajamos perdió la presentación de negocios; sin embargo, ésta fue tan impresionante que lo llamaron para presentar una propuesta poco después de esa pérdida. La siguiente ocasión, ganó el negocio.

6
Jamás permita que lo vean sudar

Todo el mundo, desde los aficionados temblorosos hasta los veteranos más experimentados sienten pánico escénico. Si esto corresponde a una descripción de usted momentos antes de realizar una presentación de negocios, no es el único.

En su libro *You Are the Message,* Roger Ailes, presidente de CNBC y ex productor del programa *Merv Griffin Show,* describió su trato con un general del cuerpo de marines, un heroico veterano de la guerra de Vietnam y ganador de la Medalla de Honor. Cinco minutos antes de salir al aire, el general informó a Ailes: "No voy a aparecer en el programa."

Desesperado, Ailes lo desafió: "O usted sale y habla, o yo salgo en su lugar y le digo a todo el mundo que es un cobarde." El desafío de Ailes colocó los temores del general en perspectiva. El general apareció y todo salió bien. El valor no es la ausencia de miedo. Es la acción en presencia del temor.

"Estar consciente de que el nerviosismo es normal constituye una de las claves para manejar la ansiedad de realizar una presentación", afirma Steven Garber, psicólogo del Behavioral Institute of Atlanta. "El principio para controlar los nervios es confrontar los temores y sus mani-

> "De acuerdo con la mayoría de los estudios, el temor número uno de la gente es hablar en público. El número dos es la muerte. La muerte ocupa el segundo lugar. ¿Parece correcto? Eso significa que para la persona promedio, si tiene que ir a un funeral es mejor estar dentro del ataúd que pronunciar el panegírico."
> —Jerry Seinfield, tomado de *SeinLanguage*

> "Los riesgos son constantes. Jamás se alejan. Nunca se apaciguan. Nada es gratuito. Uno mismo siempre tiene que ponerse a prueba."
> —Tom Hanks, actor

festaciones, para después enfrentarlos." Los clientes de Garber, por lo general, acuden a él porque han llegado a una encrucijada en sus carreras. Saben que no ser capaces de hacer una presentación de manera exitosa significa no progresar en su carrera. Se sienten petrificados al ponerse de pie frente a un grupo... de cualquier tamaño.

El tratamiento empieza por mirar en retrospectiva para determinar la raíz del temor y después confrontarlo en sus peores manifestaciones. Por ejemplo, Garber tuvo un cliente cuya boca se secaba a tal grado, que tenía miedo de no poder hablar. Garber le pidió que comiera galletas saladas y después hablara, para probarse a sí mismo que en verdad era capaz de hablar, incluso con la boca seca.

ESPERE SENTIRSE NERVIOSO

Incluso los profesionales se sienten nerviosos. La expectación parece ser peor que la acción. Los jugadores de golf dejan de sentirse nerviosos hasta que superan el primer hoyo. Los atletas se preparan para vencer la pista, los actores se pasean por las alas del escenarios, y el nerviosismo fisiológico se apodera de ellos. En nuestros talleres, la gran epifanía sucede cuando nuestros clientes aterrorizados observan su primera cinta de vídeo y ven que incluso si estaban muy asustados, el nerviosismo no se nota. Además, si no se nota, nadie se da cuenta y usted puede vivir con él.

SIN QUEJAS

Jamás permita que lo vean sudar, tampoco que lo oigan decir que está muy tenso. No anuncie: "Estoy muy nervioso." O "no soy un orador." Estos comentarios lo empequeñecen y también a su mensaje. Sobre todo, hacen sentir muy incómodo a su auditorio. "Los nervios del orador son la enfermedad más contagiosa en el mundo", afirmó el difunto abogado y autor, Louis Nizer.

TRANSFORME EL PÁNICO ESCÉNICO EN PODER PARA LA PRESENTACIÓN AL PONER EN PRÁCTICA ESTAS TRES CONDICIONES: PREPARACIÓN, UNA APTITUD FÍSICA Y UNA ACTITUD MENTAL POSITIVA

> "La improvisación está fuera de lugar."
> —Speechworks

Preparación

1. *Conozca su información.* Es factible controlar 50% del nerviosismo mediante la preparación. Conozca su tema y crea en él. No se vale improvisar. Emplee la Fórmula Speechworks de Chambers y Asher. En lugar de preocuparse por cometer un error, agudice su organización y práctica.

2. *Determine la apertura y cierre.* Memorícelos. Un inicio seguro lo hará avanzar. Encuentre una expresión breve, incisiva, que atrape la atención y que pueda decir fácilmente con convicción, aun cuando el corazón lata con fuerza. (Véase el capítulo 3.) Prepare el cierre. De esa manera no experimentará el pánico de: "¿cómo voy a salir de esto?" Es importante concluir... ¡no sólo divagar para después alejarse!

3. *Planee con anticipación responder a preguntas.* Piense en las objeciones y preguntas comunes que surgirán. Determine las cinco peores preguntas que puedan plantearle. Planee respuestas bien meditadas. (Véase el capítulo 5.)

4. *Practique.* Ensaye su material dos o tres veces antes de la presentación. Cuenta la leyenda que con frecuencia se veía al magnate naviero, Aristóteles Onassis, pa-

> "El valor consiste en hacer lo que se teme. No hay valor a menos de que se experimente el miedo."
> —Anónimo

seando por la cubierta de su yate al amanecer. Una vez, uno de los camareros, alarmado de verlo, preguntó si había algún problema. Onassis replicó: "No. Tengo una reunión importante esta mañana y estoy practicando mi presentación."

5. *Llegue temprano.* Verifique cómo es la sala y familiarícese con ella. Revise el equipo para sentirse seguro de que funcionará. Preséntese a la gente a medida que vaya llegando, para que se sienta relacionado con los miembros del público desde el principio. Estas personas serán su escudo de protección. Durante la presentación, establezca contacto visual y recurra a ellos para obtener retroalimentación.

6. *Ofrézcase como voluntario para hablar.* Oblíguese a aceptar el desafío. Imparta una clase dominical. Busque una función de liderazgo en una organización de voluntarios. Esto ayudará a familiarizarse con el hecho de encontrarse frente a un grupo y lo preparará para sentirse más cómodo frente a un grupo de negocios.

Actitud mental positiva

1. *Piense de manera positiva.* En la comedia musical *How to Succeed in Business Without Really Trying,* el joven héroe se mira al espejo y canta: "Tienes los ojos claros y serenos de un buscador de la sabiduría y de la verdad... Creo en ti, creo en ti."

2. *Hable con usted mismo de una manera positiva.* A partir del momento en que reciba la llamada para hacer una presentación de negocios hasta que se encuentre delante del grupo, dígase: "Tengo información que enriquecerá al auditorio, que lo hará más inteligente, más sano y más feliz", en lugar de: "Detesto hablar, esto va a ser terrible."

3. *Disfrute del ridículo.* A menudo el temor no es a *cuántos,* sino a *quiénes* debemos dirigirnos. Si ése es

el caso, adopte el enfoque atribuido a Winston Churchill. Como primer ministro, humanizó al parlamento británico al imaginárselos ¡sentados en el excusado!

4. *Concéntrese en el auditorio.* En lugar de concentrarse en usted mismo como centro de todo, considérese como una persona que ofrece soluciones y como un líder. El temor se origina en: "¿Qué van a pensar de mí?" La solución es pensar en lo que usted puede hacer por ellos.

Después de que escribimos *TV PR, How to Promote Yourself, Your Product, Your Service or Your Organization on Television,* Spring fue invitada a aparecer en la CNN. Ella comentó al conductor que estaba nerviosa. Él la dejó en el estudio con sus dudas y temores acerca de *su* desempeño. El conductor regresó diez minutos después y dijo: "Supérelo... ¡no eche a perder mi programa!" Fue el mensaje ideal: concéntrese en el oyente, no en usted.

Atienda los aspectos físicos

1. *Ejercítese.* Reduce la tensión que alimenta el pánico. Mejora la circulación de la sangre y aumenta el nivel de energía. Los atletas, al igual que los comunicadores, se sienten nerviosos antes de una competencia. Establecen una rutina sistemática de calentamiento previa a la presentación. Usted también debe hacerlo. Gire el cuello de camino a la presentación. Incluya una práctica de reflejo, un ejercicio aeróbico y otro anaeróbico.

Ejercítese antes de una presentación. Lleve a cabo una caminata larga en el estacionamiento o haga ejercicios en casa. El comediante Billy Crystal realiza 150 "planchas" o "lagartijas" antes de salir al escenario. Afirma: "Me gusta romper la tensión."

Practique con la voz antes de sostener una charla de presentación con los miembros del grupo. Ríase y disfrute la plática para relajarse.

2. *Establezca una rutina para tranquilizarse.* Realice ejercicios isométricos mientras espera su turno de hablar. Nadie lo notará. Tense y relaje los músculos cuatro o cinco veces y éstos empezarán a relajarse. Por ejemplo, cierre el puño y luego abra la mano.

   Intente la maniobra Valsalva. Siéntese erguido, coloque los pies en el suelo, junte las manos, ejercite presión con las palmas juntas y puje (como si estuviera constipado), cuente hasta seis y relájese. Esto disminuye el flujo de adrenalina y fisiológicamente reduce el nerviosismo.

3. *Respire desde el diafragma.* La respiración superficial desde el pecho ocasiona que falte el aliento y que la voz tenga un tono agudo. Ponga a prueba este ejercicio que le proporciona la misma respiración lenta y confortable que utiliza para despertarse por la mañana: inhale y cuente hasta cuatro (saque el estómago), sostenga la respiración mientras cuenta hasta dos, y exhale hasta seis (meta el estómago).

4. *Establezca contacto visual mientras habla.* Concéntrese en un par de ojos cuando empiece. Después, recorra el grupo con la mirada. Esta técnica simula las conversaciones individuales, en las que nos sentimos más cómodos y aparta las distracciones visuales. (Véase la sección sobre contacto visual en el capítulo 8.)

5. *¡Finja hasta que lo logre!* "Siempre que me siento temerosa, sostengo la cabeza erguida, silbo una melodía alegre y nadie sospecha que tengo miedo", fueron las palabras que Anna cantaba en *El Rey y yo*. "... el resultado de este ardid está a la vista, porque cuando engaño a la gente que temo, me engaño a mí también."

   La percepción es la realidad. Actúe como si se sintiera seguro y verá cómo al final así se sentirá.

RECAPITULACIÓN

OM: Sentirse nervioso "es normal." Usted aprendió que:

→ La preparación disminuye la tensión.

→ Una actitud mental positiva aumenta la confianza.

→ La actividad física reduce el estrés.

7
La confianza es atractiva presencia

"**L**a confianza es muy atractiva", afirma el actor Jack Palance en sus comerciales de la loción para después de afeitarse Mennen. La confianza se comunica a través del cuerpo. Los oyentes no ven sus cartas credenciales, pero notan cómo se pone de pie, sienten su energía y experimentan su contacto visual. Colóquese las botas y las espuelas y póngase de pie orgulloso y erguido. Una buena postura es como un apretón de manos firme: indica una actitud dinámica.

Observe a los actores Charles Bronson, Rhea Perlman (de *Cheers*) y Anthony Hopkins. Es su presencia, no su apariencia, lo que impone. Nos sentimos atraídos a la gente que parece tener conciencia de sí misma.

Hugh McColl, la fuerza motriz detrás del crecimiento de NationsBank, sólo mide un metro y medio. Uno de nuestros asociados comerciales lo ha descrito como "la única persona que conozco que puede pavonearse sentado". Si Hugh es capaz de hacerlo, también usted.

TRANSFORME SU PRESENCIA

- *Póngase de pie.* Coloque los pies a treinta centímetros de distancia con los dedos apuntando hacia el frente y un pie ligeramente adelante del otro.

✔ *Céntrese en la parte delantera de las plantas, no sobre los talones.* Los jugadores de golf, básquetbol, tenis y béisbol se apoyan en la parte delantera de las plantas cuando están listos para jugar.

✔ *No apriete las rodillas.* Cortará la circulación. ¡Podría desmayarse!

✔ *Relaje los brazos a los costados, las manos deben estar sueltas.*

✔ *Respire profundamente por la nariz.* Esto levantará el pecho y alineará el cuerpo desde la cabeza a los pies. Relaje los hombros.

Ahora véase al espejo. Se ve bien. Relajado y seguro. Cuando uno se pone de pie de esta manera, demuestra ser abierto y tener control de uno mismo y de la información. Así como un jugador de golf se coloca para pegarle a la pelota, en la posición inicial, usted toma su lugar antes de una presentación. Al pararse sobre la parte delantera de las plantas, el cuerpo se inclina ligeramente hacia adelante; hacia la meta: ¡su oyente!

Compare la posición neutral con las siguientes posiciones más defensivas:

SALGA A BAILAR A LA PISTA

✔ Camine hacia el frente de la sala con energía, como si estuviera impaciente de empezar la presentación.

✔ Mantenga la cabeza erguida.

✔ Vea hacia adelante y fije el equilibrio en ambos pies.

✔ Haga una pausa para llamar la atención del público. Respire.

✔ Establezca contacto visual con un individuo para sentirse cómodo. Sonría.

✔ Cuente hasta cinco. Deje que esperen. Ahora, hable.

AL SALIR DEL ESCENARIO

✔ Haga una pausa (para los aplausos) antes de ir a sentarse.

✔ No se apresure a salir.

La pausa al principio y al final es señal de confianza.

QUÉ HACER SI ESTÁ SENTADO

Estudie a los conductores de los noticiarios de televisión que se encuentran sentados para hacer sus presentaciones las veinticuatro horas del día.

✔ Siéntese derecho, con la parte inferior del cuerpo apoyada en el respaldo de la silla.

✔ Levante el pecho. Inclínese hacia el micrófono.

✔ Si hay una mesa, coloque las manos sobre ella. Deben estar abiertas, no crispadas. Ocupe cierto espacio, ayuda a mejorar su presencia.

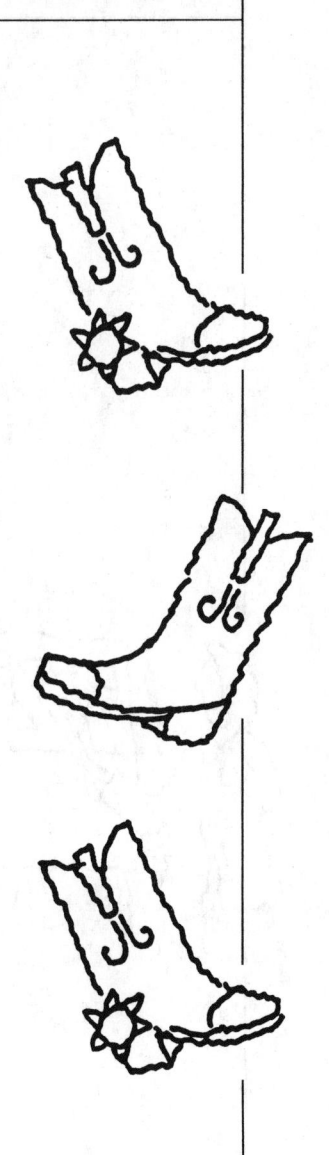

✔ Si no hay mesa, coloque los brazos sobre los brazos del sillón o sobre los muslos, no los cruce en el regazo.

Demostramos la importancia de la presencia cuando una joven contadora de uno de los despachos de Los Seis Grandes, una gerente en ascenso, llegó a un taller en silla de ruedas. Parecía frágil; llevaba los brazos sobre el regazo. Los hombros caídos. Le pedimos que levantara el pecho y colocara los brazos sobre las ruedas de las sillas (no tenía descansos para los brazos).

La diferencia fue sorprendente. Se vio ella misma y el cambio operado en su imagen ante la cámara. Afirmó: "Este programa fue más valioso para mí que para cualquier otro cliente que tengan." Ya no era la persona frágil que parecía ser esa primera mañana. Sólo al cambiar su porte, se transformó en la atleta fuerte y con confianza en silla de ruedas de la Elite Paralímpica que es.

PONERSE DE PIE O SENTARSE, HE AHÍ EL DILEMA

Si existe opción, siempre es preferible ponerse de pie durante una presentación ante un grupo. Honra a aquellos que han venido a escuchar. Demuestra presencia, control y contribuye a la energía de la voz.

Busque una oportunidad para estar de pie durante una reunión en la que los demás se encuentran sentados. Levántese para utilizar un rotafolios. Póngase de pie para distribuir y analizar notas o comunicados.

Sergio Cruz, asesor de Kurt Salmon Associates, sabe que funciona: "Me encontraba en una reunión con el presidente de una fábrica grande de ropa. Él tenía una personalidad muy dominante. Se me advirtió que podría levantarse y abandonar la junta.

"Me di cuenta de que las cosas empezaron a ir mal. Me puse de pie, para explicar mi punto y el presidente escuchó. Al ponerme de pie, asumí el control y me vi más seguro mientras analizaba los cambios que llevarían de nuevo a la compañía a la rentabilidad. Como consecuencia, los cambios se pusieron en práctica."

RECAPITULACIÓN

OM: Una presencia que proyecta confianza capta la atención.

→ Póngase las botas y las espuelas para demostrar presencia.

→ Proyecte una presencia abierta: las manos deben estar a los costados cuando no se utilicen.

→ Camine con determinación.

8
Enfréntese: Contacto visual y energía facial

LOS OJOS LO TIENEN

¿Qué tiene el contacto visual que permite a uno saber en un instante si hay confianza? ¿Por qué se experimenta una sensación espeluznante cuando no hay contacto visual?

Físicamente, los ojos crean confianza. Cuando ve directamente a los ojos a un posible cliente, éste se siente importante y comprometido. Para conseguir el negocio, es necesario establecer la confianza.

¿Qué impresión causa en un oyente si lee o mira fijamente al suelo cuando quiere transmitir su mensaje? Si no es capaz de establecer contacto visual cuando haga una presentación, ¡envíe un memorando!

Lleve a cabo este experimento con una amiga. La próxima vez que hable con ella, no la mire. Después indague acerca de sus reacciones ante la falta de contacto visual. Pregúntele cómo se sintió respecto a usted y lo que decía.

Los comentaristas de televisión logran establecer un contacto visual electrónico increíble. Lesley Stahl, Tom Brokaw, Bernard Shaw, Diane Sawyer, Peter Jennings, Susan Rook, Dan Raher y Katie Couric logran que los televidentes se sientan importantes y aludidos.

Los *Teleprompter* permiten a los conductores leer el texto de las noticias que avanza por la lente de una cámara. Parece que establecen contacto visual con usted en la sala de su casa. Uno siente que cada comentarista lo mira directamente, que se relaciona con usted, el oyente.

CONCÉNTRESE EN UN PAR DE OJOS

El comentarista de la NBC Bryant Gumbel afirma que no se siente nervioso de hablar ante dos millones de personas. "Hablo sólo a una y la miro directamente."

La mayoría de las personas se sienten cómodas y seguras si hablan de manera individual con otra. Es posible reproducir este mismo nivel de comodidad al concentrarse en un par de ojos a la vez. *Establezca contacto visual al expresar una idea completa a una persona cuando hable delante de un pequeño grupo* (durante cuatro a seis segundos). Experimente el contacto, en seguida proceda a hacer lo mismo con otra persona, al igual que lo hace con el grupo con el que sale a comer. Hable con John acerca de deportes, dirija la mirada a Mary para conversar acerca del tiempo y acuda a Jennie para hablar acerca de la ensalada de pollo. Si logra que sus oyentes y amigos se sientan importantes, le sorprenderá la atención más dedicada que recibirá.

Una de las participantes en nuestro taller se aterrorizaba cuando tenía que dirigirse a un grupo. "Tantos ojos mirándome, me confunden", aseguró. Se quedó atónita al descubrir que cuando miraba un par de ojos a la vez, se sentía más tranquila, con más en control.

En un grupo grande, sostenga miniconversaciones con un individuo que se encuentre hasta adelante. Muévase formando una Z por la habitación. Concéntrese en la mujer de rojo en la esquina izquierda al fondo de la sala y todo el grupo sentado alrededor de ella se sentirá en contacto. Hable con la rubia en la sección intermedia. Continúe descubriendo una persona fácil de mirar en cada sección. Gire los hombros hacia el grupo objetivo y, pronto, todo el auditorio se sentirá relacionado.

EVITE LAS DISTRACCIONES COMUNES VISUALES

Movimiento de aspersor

El sistema de aspersores del contacto visual es un movimiento visual entrecortado que tiene la intención de abarcar una habitación al lanzar una mirada rápida a una persona para en seguida saltar a la siguiente sección y, por último, regresar para mirar a cada oyente una vez más.

Movimiento abarcador del ojo

Cuando recorre con la mirada la parte superior de las cabezas en un esfuerzo por abarcar toda la habitación, estará propenso a que lo distraiga el camarero que se encuentra al fondo de la habitación haciendo malabares precarios con una bandeja llena de platos. Provocará que pierda el hilo del pensamiento y dará la impresión de que alguien o algo es más interesante que sus oyentes.

No permita que los oyentes desatentos o con mala cara lo distraigan

Algunos oyentes no establecen contacto visual con usted. Toman notas, asumen una postura inclinada hacia adelante y garabatean cuando escuchan. Les ayuda a concentrarse, pero arruina la concentración de usted.

Aférrese a la gente con la que sea más fácil comunicarse. Cuando se sienta seguro y valiente, avance hacia el que escribe garabatos. Si se trata de un grupo pequeño, formule una pregunta por su nombre a los que tienen el entrecejo fruncido. Cambie la energía de la voz para captar su atención. Haga una pausa para provocar que alcen la mirada.

Mantenga ese contacto visual. Proyecte la imagen de una persona digna de confianza. El apodo "Dick Nixon, el taimado" fue consecuencia del contacto visual nervioso y furtivo que establecía el difunto presidente.

EXPRESIÓN FACIAL

Enfréntelo... Los oradores que se colocan rígidos y con una expresión adusta frente a los encargados de tomar las decisiones no convencen para nada cuando afirman: "Estoy muy contento de estar aquí hoy." Tal vez haya un: "Sí, sí" en los labios, pero lo único que demuestran con el lenguaje corporal es un: "Oh, no!"

Una sonrisa es el equivalente facial de un apretón de manos. Las expresiones añaden énfasis a las palabras y energía a la voz. Cuando uno se entusiasma, abre mucho los ojos y levanta las cejas. Si se siente desilusionado, decaen.

La expresión facial demuestra al oyente lo que usted siente acerca del mensaje. Le aporta credibilidad. El presidente Jimmy Carter posee un gran carisma ante un auditorio en vivo. Debido a que no utiliza las cejas, en la televisión su rostro carece de expresión. Un micrófono filtra cierta energía en la voz y la de él suena insulsa.

Cada uno de nosotros tenemos más de 80 músculos en el rostro, capaces de hacer más de 7,000 expresiones faciales. El actor Jim Carrey, famoso por "Batman", probablemente tiene muchas más expresiones que explican su éxito fenomenal en el cine. Si contamos con todas estas expresiones, ¿por qué tantos elegimos sólo una... la cara de seriedad extrema o la de la sonrisa permanente? Déle dinamismo a su rostro.

Observe la falta de expresión facial en un testigo presencial en el noticiario de la televisión. La mayoría de los que están ahí se encuentran tan aterrorizados por la situación y la cámara que sólo mueven los labios. El rostro se muestra apagado, carente de toda expresión.

Rostros femeninos y masculinos

Los hombres y las mujeres tienen diferentes problemas faciales. Los hombres controlan su personalidad natural entusiasta, intensa o amante de la diversión para colocarse la cara de seriedad extrema de *esto es importante, soy un adulto,* para una presentación de negocios.

Un joven funcionario de préstamos bancarios explicó por qué se mostraba inexpresivo en una presentación. "Creía que si actuaba muy tranquilo, nadie se iba a dar cuenta de que estaba nervioso." Sin embargo, al tener el valor de mostrar su personalidad ingeniosa y encantadora, conquistó a sus posibles clientes con mayor rapidez y aumentó su negocio.

Las mujeres, por otro lado, tienden a inclinar la cabeza o menearla constantemente de arriba abajo mientras hablan. Sonríen para complacer. ¡Cabezas erguidas! Sonría cuando se sienta complacida, no *para* complacer.

Realice este ejercicio

Baje las cejas y diga: "Me da mucho gusto estar con ustedes hoy." Ahora coloque las cejas en su posición normal y repita la frase. Por último, arquee las cejas y diga: "Me da mucho gusto estar con ustedes hoy." Las expresiones aumentan la energía.

¿Quiere un estiramiento facial gratis? Eleve las mejillas cuando escucha y habla. ¡Se verá diez años más joven!

RECAPITULACIÓN

OM: Establezca contacto con sus oyentes, de uno en uno. Esto entabla relaciones.

→ El contacto visual crea confianza. Da la apariencia de que cree en su tema.

→ El contacto visual demuestra seguridad. Tenga el valor para mantener el contacto visual durante la exposición de una idea o pensamiento completos.

→ Una sonrisa aporta energía al rostro y calidez a su presentación. Utilice los músculos faciales para añadir energía a la presentación.

9

Extienda la mano y toque a alguien: el lenguaje corporal

9

Él gritó: "¡Sí!", dio un paso hacia adelante y golpeó al aire. ¡Eso es una expresión! En un instante, uno oyó y sintió el efecto de sus palabras. Los ademanes cuentan cuando se trata de hacer todos los movimientos adecuados.

Añaden energía a su presentación y liberan la tensión acumulada al mismo tiempo.

Los árbitros de béisbol son los mejores gesticuladores. Cuando alargan la mano hacia adelante, extienden los brazos, señalan con firmeza y gritan: "¡A salvo!", no hay ninguna duda, no agitan los brazos con debilidad. El ademán es deliberado y con rapidez elimina cualquier duda de parte de los jugadores o entrenadores.

Las ideas siguientes añadirán fortaleza y convicción a su mensaje.

EVITE LOS ADEMANES CON ATRACCIÓN ELECTROSTÁTICA

Los oradores, no sólo los forros de los pantalones, fondos y faldas, experimentan la atracción electrostática. Los brazos y las manos se paralizan en las partes medias o inferiores del cuerpo y lo hacen parecer nervioso y a la defensiva. Nada fluye o se mueve con facilidad. Las manos se quedan

> ¡BRAVO!

atascadas en una posición rígida. Las yemas de los dedos se entrecruzan a medio pecho. Los codos se ciñen precariamente a la cintura, como una bisagra.

Una postura incómoda y nerviosa de los brazos que se adhieren al cuerpo no es una vista agradable.

Jamás verá a Arnold Schwarzenegger, Keanu Reeves o a Candice Bergen de pie, en una postura defensiva, con los brazos ceñidos al cuerpo. Utilizan las manos y brazos para añadir energía y propósito. Su apertura destila seguridad.

Las siguientes ideas le ayudarán a superar este problema.

Permita que las axilas respiren

Extienda los brazos hacia los oyentes y mantenga un ademán firme. Alargar los brazos lo hace verse abierto y natural, a la manera en que utiliza el cuerpo cuando conversa con un amigo. No piense demasiado en los ademanes ni en los movimientos. Deben ser consecuencia natural de su convicción y energía.

Piense en los deportes

Toda acción en los deportes es hacia adelante, hacia la meta: el hoyo en el golf, la cerca en el béisbol, la canasta en el básquetbol. Coloque todo el cuerpo en esta posición: gesticule hacia el oyente. Utilice toda la mano, no señale. Manténgala en esa posición, así como acompaña el golpe en los deportes.

•

UN PEQUEÑO PASO

El astronauta Neil Armstrong sólo dio tres pasos en la luna para llenar todos los titulares de los periódicos. Eso le ocurrirá a usted. Dé un par de pasos. El movimiento libera la tensión, aporta energía a la voz y atrapa la atención de los oyentes.

Camine con firmeza, no se pasee. Una persona que deambula distrae al público. El balanceo distrae. Aprender a moverse es como aprender a bailar. Camine dos pasos hacia el oyente al lado derecho de la habitación. Hable con un individuo y otro desde esa posición, en seguida avance a la izquierda. Puede moverse mientras habla o aprovechar el movimiento para respirar y reagrupar sus pensamientos. El auditorio observa a la expectativa. Caminar es el camuflaje perfecto para los nervios.

El presidente Bill Clinton camina a la esquina del escenario, extienda los brazos hacia adelante y establece contacto con un individuo en el público. Sus movimientos mantienen atentos a los oyentes. Si va a moverse, hágalo con un propósito definido. El paso repetitivo dentro de un cuadrado es aburrido. Baile tango... vaya a alguna parte.

Si en verdad se trata de una gran presentación, utilice un micrófono inalámbrico y muévase. Los podios son una traba para el movimiento. El movimiento detrás de un micrófono en el podio hace que la intensidad de la voz oscile.

RECURRA AL ESFUERZO FÍSICO

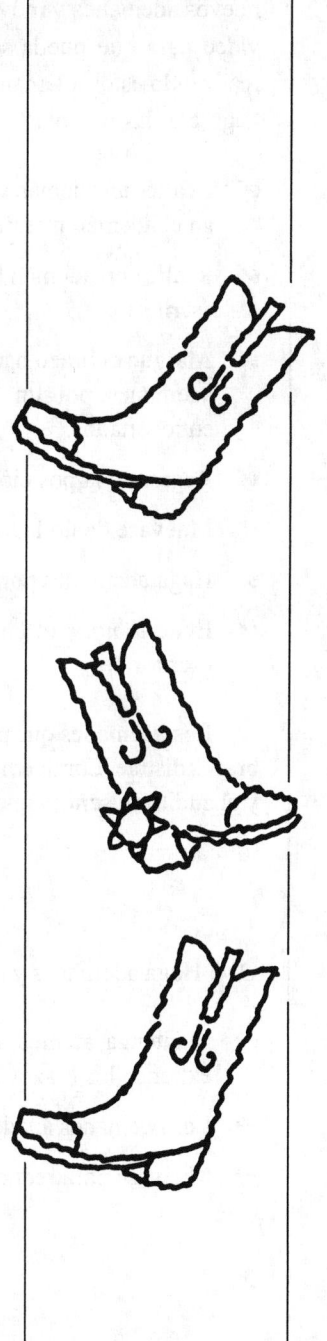

Describa su habitación favorita de manera física. Diviértase al hacerlo, exagere para añadir énfasis y descubrir nuevos ademanes y movimientos que aumenten el efecto. Coloque una cámara de vídeo para que pueda sentarse entre el público a observar. Vea qué bien se ve realizando estos ademanes firmes y jamás tendrá que preguntarse otra vez: "¿Qué hago con las manos?"

✔ Realice un ademán con el brazo extendido para demostrar un ventanal. Mantenga el ademán mientras describe la vista.

✔ Realice un ademán largo y amplio con los brazos extendidos para describir su escritorio.

✔ Alargue el brazo hacia adelante para mostrar su sofá de reposo. Mantenga los ademanes por un segundo o dos para eliminar movimientos rápidos y entrecortados.

✔ Regrese a la posición inicial: con los brazos a los costados.

✔ Muévase de un lado a otro de la habitación para demostrar objetos de interés.

✔ Haga ademanes por arriba de la cintura.

✔ Evite *dibujar* el cuadrado de la computadora. Sólo indique su lugar en el escritorio.

Los ademanes que parecen tener atracción electrostática son torpes. Agitar los brazos distrae. Los ademanes firmes y deliberados lo hacen verse con mayor energía y el auditorio sentirá que se encuentra en buenas manos.

RECAPITULACIÓN

OM: Haga ademanes y muévase para aportar energía a su presentación.

→ Mantenga atentos a los oyentes: establezca contacto con ellos, muévase y extienda los brazos hacia ellos.

→ Los ademanes añaden energía a la voz.

→ Muévase para reducir la tensión.

10
No es lo que dice, sino la forma en que lo dice

10

No es lo que dice, sino
la forma en que lo dice

"**Q**uiero estar sola" afirmó Greta Garbo con voz ronca y seductora. Garbo fue una de las pocas estrellas del cine mudo que logró hacer con éxito la transición a las películas habladas en 1927. Otras, incluso Rodolfo Valentino, se desvanecieron debido a sus voces débiles o chillonas. Tenían poca presencia verbal.

Piense en la voz imponente del actor James Earl Jones, del general Norman Schwarzkopf, o de la poetisa Maya Angelou. Considere la convicción en la voz de Peter Finch en su interpretación del personaje Howard Beale en la película "Network" cuando afirmó: "Estoy loco *de remate* y ya *no* voy a soportarlo." No sólo fueron las palabras, sino la forma en que nos hizo *sentir* cuando las pronunció.

Las voces de los personajes de George en *Seinfeld,* o de Melanie en *Lo que el viento se llevó* son nerviosas y excitables. De manera similar, la falta de seguridad de parte de cualquiera que exponga una idea o presente un informe crea dudas incluso en el comprador más impaciente.

La calidad de la voz influye en la manera en que se le percibe. Hable con convicción y energía para entrar en sintonía con el oyente. Si habla en un tono monocorde y aburrido, los oyentes se desconectarán y la atención divagará. Mediante un sencillo cambio de ritmo, se transformará en el orador que desea ser.

AÑADA EMOCIÓN A SU PRESENTACIÓN

Aplique variedad en el tono de voz. Lleve a su oyente por un paseo verbal por la montaña rusa. Cree entusiasmo en el lento ascenso desde el sendero hasta la cima.

Haga pausas para crear expectativas... En seguida, una carrera rápida cuesta abajo (pausa...) y empiece el siguiente ascenso no pronunciado. Este cambio de ritmo entusiasma al oyente más que un viaje intrincado en tren que va dando resoplidos de una parada a la otra... Eso es un somnífero.

Incluso aquellos que afirman: "Voy a hablar de cifras y eso es muy aburrido" necesitan volver a considerar la energía en la voz. El renglón de resultados es una de las mayores prioridades de los oyentes en una empresa. Es necesario transmitir la intensidad, la sinceridad y la honestidad a través de la voz.

CAMBIE EL RITMO

Alto, bajo, despacio y *aprisa*. Lea las siguientes oraciones de acuerdo con las instrucciones. Se sorprenderá por la energía e interés increíbles que será capaz de generar de inmediato. Lea en voz alta todos los días para que el oído se acostumbre a una voz más dinámica. Pruebe con la sección deportiva y cambie el ritmo o volumen de una oración a otra. Grabe lo que lee. Escuche. Después vuelva a intentarlo.

Realice este ejercicio

Lea las siguientes oraciones de acuerdo con las instrucciones.

Lea *en voz alta:*
"EL VOLUMEN AÑADE ÉNFASIS A UNA PALABRA O FRASE IMPORTANTE."

Lea *en voz baja:*
"Un susurro actúa como imán y atrae al oyente hacia usted."

Lea *aprisa:*
"Hablar-con-rapidez-entusiasma-y-transmite-energía-al-auditorio."

Lea *despacio:*
"Hablar con lentitud crea un ambiente de reverencia y admiración."

•

¡ARRIBA LA POTENCIA!

Añada energía a las palabras. Respire desde el abdomen y lea cada frase. Realce la palabra subrayada:

"El <u>habla</u> es importante."

"El habla <u>es</u> importante."

"El habla es <u>importante</u>."

Destaque una palabra clave en una oración para añadir énfasis e interés.

LA VOZ - ES ESO QUE SE REFIERE AL GÉNERO

En el perfeccionamiento de la voz, hay algunas diferencias evidentes entre las masculinas y las femeninas.

Voces femeninas

Las voces femeninas, por lo general, son más agudas y menos enérgicas. Históricamente, se ha alentado a las mujeres para que hablen en voz baja. Eso no funciona. Lo que sí funciona es permitir que el aire penetre en los pulmones y emitir cada sonido utilizando una voz intencionada y firme. No *pida* la aceptación. *Espérela* con su tono de voz.

Una mujer en "Speech Camp" hablaba con un sonsonete que no imponía. Le pedimos que interpretara el papel de una abogada litigante. La variedad en su voz fue convincente. El cambio fue espectacular. Dijo lo siguiente:

Ejercicio para la voz
"Mi cliente no es culpable. (*Pausa.*) Ella es una <u>madre</u> (*en voz alta*), una mujer de negocios (*en voz baja*), y una persona que se dedica a sanar. Tenemos un testigo

presencial que jurará que ella se encontraba en Chicago la noche del homicidio. (*Aprisa*.) Además... había ido a esa ciudad (*despacio y de manera intencionada*) para asistir... al nacimiento de su primer nieto."

La variedad en la voz proviene de la fuerza interior. Respire hondo desde el abdomen, no desde el pecho. Puje y practique para aumentar su nivel de comodidad con la variedad en la voz.

Voces masculinas

Los hombres, por otro lado, a menudo asumen su *personaje de presentación*. El resultado es un tono monocorde masculino, firme y serio. Muchos hombres reprimen su personalidad briosa para convertirse en un despachador aburrido de hechos y cifras. La pasión desaparece; el oyente cae en estado de coma.

Cambie el ritmo con el diálogo. Empiece por montar la escena: "Ayer, alrededor de la medianoche, el teléfono sonó. Busqué a tientas el teléfono y oí la voz aterrorizada de Sam, el ingeniero nocturno. 'Las tuberías explotaron y la sala de exposiciones se está inundando. ¿Qué hago con los paquetes entregados por UPS que están amontonados junto a la puerta del cuarto de entregas?'" El diálogo modifica el ritmo de la presentación y mantiene en sintonía al oyente.

Ejercicio para la voz

Destaque una palabra en una oración para añadir interés y efecto. No tema *susurrar* una palabra o una frase. No demuestra *debilidad*. Es *poderoso* y *atrae* la atención del oyente hacia usted. Haga pausas para crear tensión... para generar e-x-p-e-c-t-a-t-i-v-a.

USE UN TONO DE CONVERSACIÓN

Utilice un estilo coloquial, si necesita un texto escrito de su presentación. Emplee oraciones cortas. Para citar a Joe Plumeri, presidente de Primerica Financial Services, un comunicador excelente y *apasionado* [en sus palabras]: "Jamás doy un discurso, sostengo una charla."

HÁGASE OÍR SEGÚN SEA SU INTENCIÓN

Los oyentes quieren oír a oradores interesantes que demuestran convicción acerca de sus mensajes. Los oradores piensan a menudo que utilizar una amplia gama de variedad de voces es ser demasiado espectacular o artificial. En realidad, sin una variedad en la voz, los oyentes no pueden distinguir las ventajas de la adversidad. El zumbido adormece el oído y actúa como novocaína para la mente.

Un joven abogado destacó entre los demás litigantes en un taller. Hablaba con gran convicción. Era tranquilo y sincero. Su voz se hacía más alta o enfática. Hacía pausas... para obligarnos a pensar en lo que acababa de decir. Su presentación de práctica ante el jurado fue impresionante debido a la tensión y energía en su voz. Cuando se le preguntó que se requería para hablar con tal seguridad y convicción, su respuesta fue: "Valor."

> "No conseguí el empleo en el comercial de Domino's Pizza debido a que soy bonita... estoy segura de que vieron a millones de chicas que eran bonitas. Lo conseguí porque fui convincente en la audición. Cuando comí la pizza, *esa* pizza estaba *en realidad* muy sabrosa."
> —Alicia Silverstone
> actriz, *Clueless*

¿QUE QUIERE HACER QUÉ? INFLEXIÓN

¿Puede imaginar a Clint Eastwood terminando su famoso dicho: "Alégrame la vida" con una inflexión ascendente?

Elimine una voz con sonsonete. Lea esta oración y eleve la voz al final: "La compañía fue fundada en 1988." Elevarla hace que parezca una pregunta. Ahora léala con una inflexión descendente. Ése es un hecho.

Una inflexión descendente al final de una frase u oración, o incluso de una pregunta, implica autoridad. "¿Qué opina↑?" "¿Qué opina↓?"

REALICE EJERCICIOS AERÓBICOS CON LOS LABIOS: ARTICULE

Acabe con los labios flojos y con el tétanos de la chica del valle. Los labios perezosos y la mandíbula apretada ocasionan hablar entre dientes y farfullar. Abra la boca y ejercite los labios.

EJERCICIO 1:
UTILICE UNA GRABADORA DE CINTAS

El maestro de la comunicación Roger Ailes sugiere a los oradores poner en práctica el método "Grabe e imite." Grabe un segmento en la radio o televisión. Transcríbalo y léalo mientras lo graba. Reproduzca la cinta y compare. Repita el ejercicio.

Lea una oración frente a la grabadora de cintas y frunza el entrecejo. Ahora léala con una sonrisa. Reproduzca ambas grabaciones. ¿Es capaz de *oír* la sonrisa?

Grabe su propia conversación telefónica o la charla con un compañero de trabajo. Si no tiene una grabadora, deje un mensaje largo en su contestadora o correo de voz. Escuche su voz como si fuera un cliente o su jefe. ¿Cómo se transmite? Elabore una lista de las cualidades que le agradan y de las cosas en las que necesita trabajar.

EJERCICIO 2:
BAJE EL TONO DE VOZ

Cuando está nervioso, los músculos que movilizan las cuerdas vocales se contraen. La respiración se vuelve superficial, desde el pecho, no desde el abdomen. El tono sube.

Realice este ejercicio para relajar las cuerdas vocales. Coloque un lápiz entre los dientes. Muerda para forzar a los dientes posteriores a separarse mientras habla. Esto lo obligará a dejar caer la mandíbula y automáticamente baja su voz. Practíquelo.

EL PODER DE LA VOZ

La voz transmite convicción, entusiasmo, energía, enojo, tristeza, alegría: la gama completa de emociones. Es una herramienta poderosa y fácil de emplear para motivar a los individuos o grupos. La voz tiene el poder de motivar al oyente para que actúe, de forjar un compromiso, de reanimar a las tropas.

Realice ejercicios de calentamiento con su voz antes de hacer esa presentación del millón de dólares. Respire, bostece y respire. Piense: *"¡Sí!"* Le dará energía a su voz y entusiasmo a su mensaje.

RECAPITULACIÓN

OM: La energía en la voz motiva a los oyentes.

→ Añada chispa. Cambie el ritmo: alto, bajo, despacio y aprisa.

→ Abra la boca. Enuncie las palabras.

→ Hágase oír como sea su intención. Si parece que a usted no le importa, ¿por qué debería prestar atención el oyente?

> "Jamás se ha logrado algo extraordinario sin entusiasmo."
> —Ralph Waldo Emerson

11
La pausa que impresiona

> Podía oírse en su voz. La tensión. La expectativa. Los mantenía en suspenso... Su control tenía una gran intensidad. Conocía el poder de la pausa.

"**B**ond... James Bond" conoce el poder increíble de la pausa sobre los enemigos, las mujeres o los criminales. El poder del silencio es apasionante.

El problema de la mayoría de los oradores es que una pausa capta la atención del oyente, pero al orador le parece que el silencio dura para siempre. El oyente, por otro lado, apenas nota la pausa, pero responde a su efecto.

El actor Kelsey Grammer, de *Cheers* y *Frasier*, dice de su héroe Jack Benny: "Fue uno de los más grandes comediantes porque no temía a la pausa, no tenía miedo del silencio."

La pausa es poder... *control*. El poder de:

Crear expectativa y tensión.

Destacar una palabra o pensamiento clave.

Reagrupar sus ideas.

Sustituir palabras de relleno, como *estes* y *peros*.

Respirar.

Permitir que el oyente asimile el pensamiento... Esta idea puede significar dinero en su bolsillo.

> "La pausa que refresca."
> —The Coca-Cola Company

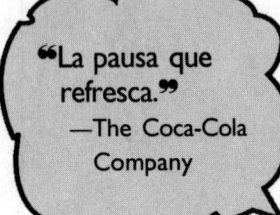

¡Y todo este poder de alto octanaje se encuentra a su disposición! Las siguientes técnicas y situaciones le enseñarán cómo y cuándo apropiarse de él.

Lea y grabe esta oración:

Una pausa demuestra aplomo... control... *seguridad*... Úsela... *Domínela*.

Vuelva a leer (cuente los puntos suspensivos en silencio) y grábela hasta que sea capaz de oír una diferencia discernible. Cuente en silencio hasta cuatro para cerciorarse de ampliar la pausa aterradora.

Entrene el oído a sentirse cómodo con el silencio. Practicar y poseer esta habilidad puede provocar un efecto inmediato en todas sus comunicaciones. Un joven abogado observó que una socia en el bufete lo desatendía de una manera descortés cuando informaba sus conclusiones. Un colega sugirió: "Haz una pausa cuando no te tome en cuenta. Alzará la vista."

NADIE HABLA DEMASIADO APRISA

¿Alguna vez le han dicho que habla demasiado aprisa... o ha sentido que los demás lo hacen? La persona promedio habla a una velocidad de 175 palabras por minuto. Tenemos la capacidad de escuchar más de 300 palabras por minuto. Nadie habla demasiado aprisa; en realidad, la gente tiende a pensar que uno es más inteligente si habla un poco más rápido. El orador de conferencias de motivación para las ventas, Zig Ziglar, asegura que habla a una velocidad de 225 palabras por minuto, con rachas de hasta 550.

El problema es que, en la carrera de oración a oración, las ideas no tienen tiempo de arraigarse. La solución es *la pausa*. Da tiempo al cerebro del oyente para computar los pensamientos e ideas.

Pida a un amigo que le dé su número de teléfono tan rápido como sea posible. Trate de anotarlo. Vuelva a intentarlo. Esta vez, pida a su amigo que añada una pausa o dos y lo conseguirá en la primera lectura.

•

EJERCICIOS PARA ALCANZAR EL PODER DE LA PAUSA

Lea y observe este texto de un *Teleprompter* para televisión. El comentarista marcó el guión al subrayar las palabras que quería destacar y añadió una diagonal para indicar una pausa. Estas indicaciones le dan un tono de conversación al texto. Observe que las oraciones son cortas.

BANCO DE ÓRGANOS/ LINEAMIENTOS FEDERALES pwh mediodía 3/10	AII	(PATRICIA)
EN DIRECTO		UN BANCO DE ÓRGANOS EN ATLANTA HA RECIBIDO ÓRDENES DE ATENERSE A LAS DISPOSICIONES LEGALES O SE LE RETIRARÁ DE LA RED NACIONAL.//
VO ENG		(VO) LIFELINK DE GEORGIA COORDINÓ LA DISTRIBUCIÓN DE LOS ÓRGANOS IMPLICADA EN EL PROGRAMA "TRASPLANTES DE ÓRGANOS DE DONADORES" QUE SE LLEVÓ A CABO EL FIN DE SEMANA PASADO EN EMORY.//
		UN PANEL ESPECIAL AFIRMA QUE LA ORGANIZACIÓN NO HA OBSERVADO LAS DISPOSICIONES FEDERALES/ EN LA DISTRIBUCIÓN DE LOS ESCASOS ÓRGANOS DE DONADORES.

HAGA UNA PAUSA PARA PERMITIR QUE SUS OYENTES LO ALCANCEN

Es la ausencia de pausas, no la presentación a alta velocidad, la que provoca que el orador pierda al oyente.

Piense en pedirle a una amiga que lo siga en su automóvil. Si la amiga se detiene en un semáforo en rojo, usted se orilla y espera un momento hasta que ella se encuentre detrás una vez más. Ésa es la esencia de la pausa. Le da tiempo al oyente para ponerse al corriente y asimilar los datos.

HAGA UNA PAUSA PARA OCULTAR EL NERVIOSISMO

"Finja hasta lograrlo."

Tendemos a correr cuando no estamos tranquilos y le damos a un posible cliente un torbellino de información. Respire. Una pausa consciente antes de empezar ayuda a parecer sereno y confiado, con todo bajo control. Es una técnica que consiste en *"fingir hasta lograrlo."* Continúe haciendo pausas y respirando antes de hacer una declaración importante. Esto servirá para aumentar la sensación de control y su presencia.

HAGA UNA PAUSA PARA ELIMINAR LAS MULETILLAS

Los *este, eeh, pero, muy bien* (o su correspondiente en inglés O. K.) y *bueno...* son palabras de relleno que distraen y restan méritos a su mensaje. Rompa con este hábito. Tal vez no sea perjudicial para la salud, pero daña su imagen como líder.

En lugar de perderse en el tránsito de las comunicaciones, deténgase por completo. No abra la boca sino hasta que sus ideas estén bien afinadas y se encuentre listo para decir la siguiente oración. Una pausa uniforme y segura elimina los *este* que atascan el motor. El presidente de una organización internacional grande se acercó al podio. Sus palabras eran reflexivas, pero había un *este* en cada oración. En cuestión de minutos perdió el efecto y a sus oyentes.

HAGA UNA PAUSA PARA DESTACAR LOS PUNTOS DE VENTA

Un grupo de vendedores de bienes raíces quería una ventaja en hacer presentaciones ganadoras de ventas.

Debido a que se sentían tan seguros de su información y de los puntos básicos de la propiedad, tendían a presentarlos como en avalancha. Los alentamos a hacer pausas a fin de resaltar cada punto clave de la venta y añadir efecto a su presentación.

> "La propiedad está rodeada de casas que se vendieron en mucho más de 150,000 dólares. *(Pausa.)* El ingreso promedio por familia en esa zona es de más de 100,000 dólares. *(Pausa.)* La circulación del público en cada tienda del área ocupa el segundo lugar, sólo después de Henry Mall."

Utilice las pausas de manera eficaz para permitir que los oyentes experimenten el efecto de cada punto de venta.

EL BENEFICIO DE LA PAUSA

La pausa resulta incómoda hasta que se transforma en un hábito. Propóngase un desafío personal. Convierta en un juego utilizar la pausa para crecer como comunicador. Como afirmó Mark Twain: "No hay nada más poderoso que una pausa en el momento adecuado."

> "No hay nada más poderoso que una pausa en el momento adecuado."
> —Mark Twain

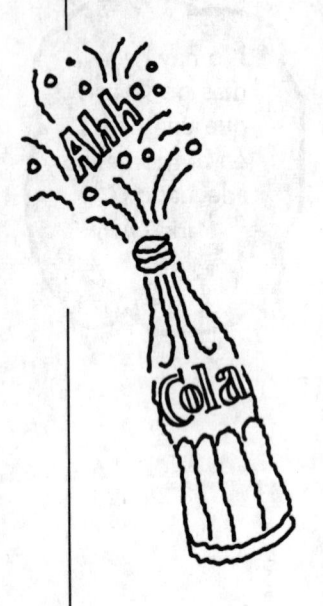

RECAPITULACIÓN

OM: La pausa es la herramienta por excelencia del comunicador seguro.

→ Haga una pausa para controlar a su auditorio. Alzarán la vista y se preguntarán qué va a decir.

→ Haga una pausa para resaltar un punto. Deténgase antes y después de explicar un punto.

→ Haga una pausa para eliminar los *este, eeh, muy bien (O. K.)* y *bueno.*

12
Elimine las distracciones

Cuando esté interesado en atraer la confianza y seguridad de un encargado clave de tomar decisiones, evite las distracciones. Las distracciones confunden y molestan.

Durante la campaña presidencial de 1992, los críticos señalaron que Tipper Gore bajara de peso y que Hillary Clinton cambiara su imagen por completo a la de una mujer trabajadora y directa.

Para las señoras Clinton y Gore realizar cambios se redujo a determinar que la meta de largo plazo era más importante que los detalles que distraían y en los que el público elige concentrarse. Al igual que las esposas de los candidatos, pida a un colega que sea objetivo y señale lo que distrae en usted.

El estratega de comunicaciones republicano, Roger Ailes, afirma: "Uno es el mensaje." Asegúrese de que la impresión que cause no sabotee sus metas.

> "¿Cómo prepararse para una conferencia de prensa? Primero, vaya al salón de belleza. A su familia y amigos no les importa lo que pida, pero notan como se ve."
> — Helen Thomas, United Press International, Decana de los corresponsales de la Casa Blanca

DISTRACCIONES FÍSICAS

Los hábitos nerviosos, incluyendo jugar con el cambio en el bolsillo o con los lápices, o gesticular en exceso, pueden socavar sus metas de liderazgo.

Distracciones visuales a su imagen y cómo evitarlas

✔ Un saco muy ceñido
✔ Mangas demasiado largas

Para caballeros
✔ La corbata debe llegar hasta la parte superior de la hebilla del cinturón.
✔ Los calcetines deben ser suficientemente largos para cubrir las piernas velludas.
✔ Desabroche el saco para permitir mayor libertad de movimiento.

Para damas
✔ El maquillaje excesivo es uno de los principales factores de distracción.
✔ Por lo general, los colores lisos son una mejor opción que los estampados.
✔ El cabello largo debe estar recogido para dar una apariencia profesional.

Vista un saco cuando realice presentaciones. Las hombreras ayudan a mejorar su presencia, incluso sobre una camisa deportiva informal y pantalones vaqueros.

Es necesario tener la apariencia de un vicepresidente si quiere serlo. El vestido y el arreglo personal cuentan. En la película "Working Girl", Melanie Griffith cambió su imagen al usar menos maquillaje, un peinado más sencillo y un guardarropa profesional, a medida que ascendía del grupo de secretarias a una ejecutiva con despacho propio.

Observe ciertas normas cuando elija y coordine su guardarropa. Busque modelos a quienes imitar en su empresa, en revistas o en la televisión.

La vestimenta formal por lo general se adapta a todas las situaciones, incluso en días informales. De modo que, si ésas son las reglas, ajústese a ellas, pero con clase. ¡Aun las impresiones ocasionales cuentan!

DISTRACCIONES VERBALES

Las distracciones verbales incluyen los *y, este, pero, muy bien* y *ustedes saben*. La cura es sustituir las palabras de relleno con una pausa.

Hablar entre dientes y en un tono monocorde, así como las voces que se apagan al final de una oración son distracciones que provocan que el oyente pierda la concentración. ¿Cómo suena su voz en la máquina contestadora o correo de voz? ¿Desearía hablar con esa persona? Abra la boca y haga la enunciación. Destaque una palabra en cada oración para añadir energía. Escuche la reproducción.

Los acentos no distraen si abre la boca, enuncia y hace una pausa. La ex gobernadora de Texas, Ann Richards, es un caso de celebración entusiasta del acento texano.

DISTRACCIONES PSICOLÓGICAS

Las distracciones psicológicas provocan que las personas pierdan la atención en su mensaje. "La gente tiende a no simpatizar o a desconfiar de las personas cuyas ideas son diferentes a las propias", afirmó Josephine Britton, ex maestra de inglés en la Loomis Chaffee School en Windsor, Connecticut.

Mientras más se parezca a su oyente, más fácil resultará el contacto. Los psicólogos recomiendan modelar y reflejar el comportamiento del auditorio.

Equilibre el ritmo del habla a la velocidad del oyente. La gente habla a distintas velocidades según la región de la que se trate. Imitar su habla ayudará a fortalecer el contacto y a entablar una relación.

Un ejecutivo de mercadotecnia de Coca-Cola explicó que, como recién llegado a Atlanta, su acento norteño y conversación rápida no le ayudaban a establecer la cooperación que necesitaba con sus colegas y compañeros. Al imitar el ritmo y la energía de los demás, suavizó su imagen y fortaleció sus relaciones.

De manera similar, Hillary Clinton se volvió más sensible a las actitudes de las personas que no estaban familiarizadas con su estilo de mujer trabajadora. Su mensaje fue oído una vez que se sensibilizó con respecto a sus oyentes y se concentró en los intereses que compartían.

RECAPITULACIÓN

OM: Detenga a sus detractores: evite las distracciones

→ Las distracciones físicas compiten con la información.

→ Las distracciones verbales, que incluyen el tono monocorde y las palabras de relleno, desconcentran al oyente.

→ Las distracciones psicológicas, por lo general, se basan en los prejuicios del oyente. Mientras mejor pueda adaptarse a la forma de ser de su auditorio, es más probable que presten atención.

13
Fue uno de esos momentos eléctricos: los micrófonos

13

El temor al micrófono inicia esa sensación de temblor y estremecimiento. Una presentación con un micrófono puede cortar el aliento a cualquiera, ya sea ante la comunidad financiera o ante la asociación de padres y maestros.

Con experiencia, será capaz de elevar su voltaje y generar energía desde el podio.

APÁRTESE

"La gente se inclina y SE COME EL MICRÓFONO, o bien retrocede y no es posible oírla", asegura Steve Shipley, gerente de operaciones de Corporate Audio/Visual con sede en Georgia. Lo mejor es colocarse a una distancia entre 20 y 30 centímetros del micrófono.

Es importante hablar directamente hacia el micrófono del podio. Piense en él como beber de un vertedero de agua: el agua no viene hacia usted. Tiene que mover el micrófono en la dirección de la boca. El micrófono debe estar un poco más abajo de la boca.

Preséntese temprano y practique. "La mayoría de las personas no están acostumbradas a hablar ante un micrófono y esperan demasiado de ellas mismas", afirmó Pat

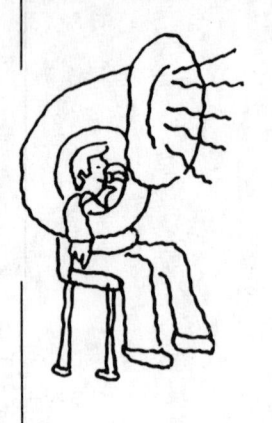

Marcus, productor y conductor de la estación de radio de Atlanta STAR 94FM.

"Cada micrófono se siente y funciona de manera diferente. Verifico el sonido con anticipación para saber dónde situarme, cómo colocar el micrófono y acostumbrarme al sonido."

Asuma el control. Antes de hablar, tome el micrófono y ajústelo. No siempre se puede evitar que el presentador que mide 1.60 metros de estatura preceda al orador que tiene una altura de 1.85, y no existe ninguna posibilidad de que la persona sea oída si él o ella no tiene el valor para volver a posicionar el micrófono. Si es factible, llame con anticipación y solicite un micrófono portátil que pueda usar para alejarse del atril.

QUE NO LO ATRAPEN AMPLIFICANDO UNA VOZ INSIGNIFICANTE Y AMORTIGUADA

Supere el sonido de su propia voz. Tenga el sentido común de practicar antes de que sus mensajes claves se transmitan a través de un micrófono. El voltaje bajo en el podio a menudo es el resultado de la conmoción de oír la propia voz amplificada por primera vez.

Otros pierden energía debido a que tratan de hablar en una voz reticente y bien modulada. Sin fuerza, no será posible explicar los aspectos principales de los subtemas. No se tiene idea si las declaraciones manifestadas son hechos, o simplemente promesas de cosas que están por venir.

Exagere los tonos agudos y graves, así como las pausas. Piense en grande. Conserve un poco de aliento detrás de la voz. Conozca de memoria su primera oración. Sea audaz y controlado. Imagine cómo el actor Anthony Hopkins o la poetisa Maya Angelou presentarían su información.

Considere el tamaño de la habitación y piense a qué distancia tendría que lanzar una pelota para pegarle a la pared del fondo. Haga lo mismo con la voz. Haga una pausa, respire desde el abdomen. Después dele energía a su voz para llenar el espacio. No permita que un comprador o encargado de la toma de decisiones deje de oír su mensaje.

RECAPITULACIÓN

OM: Haga que el micrófono funcione en su beneficio

→ Preséntese temprano y practique con el micrófono.

→ Colóquese a una distancia entre 20 y 30 centímetros para evitar distorsiones.

→ Ajuste el micrófono. Colóquelo un poco abajo de la boca.

14
Vamos a hacerlo de nuevo hasta que salga bien

Se requiere práctica. A casi nadie le salen bien las cosas la primera vez. Sin embargo, una cámara de vídeo le permite sentarse, convertirse en su propio público y ver su presentación como los demás.

Cada uno de nosotros es una *obra en proceso* cuando se trata de hacer presentaciones. A lo largo del tiempo, continuamos cambiando, adaptando y mejorando. La práctica en vídeo y los ensayos aceleran el proceso.

Bill Liss, un reportero de la sección de negocios de WXIA-TV en Atlanta examina sus cintas después de cada programa. "Provenía del ambiente empresarial y sabía que tenía mucho que aprender acerca de cómo transmitir al aire", afirmó.

En estos seis ejercicios frente a la cámara aprenderá a verse seguro y a hablar en tono de conversación. Cuando ensaye una presentación en la tranquilidad de su hogar, no tema repetir los ejercicios hasta que se convierta en el presentador que quiere ser. Piense en la comunicación como en un nuevo deporte, para llegar a ser bueno, necesita practicar. (Es más sencillo que su deporte favorito.)

Observe la cinta como si fuera su jefe, un colega o un cliente. Evalúe su desempeño desde cada uno de estos puntos de vista.

Como su propio capacitador, es importante examinar su apariencia cuando se ve mejor que nunca. A menudo

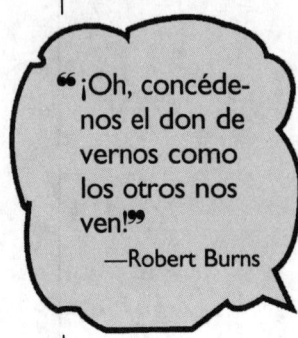

> "¡Oh, concédenos el don de vernos como los otros nos ven!"
> —Robert Burns

trabajamos con clientes antes de una entrevista de empleo o para formar una sociedad. Saber lo que se requiere para producir una apariencia de seguridad: una presencia abierta, un contacto visual fuerte, una sonrisa y una voz serena y convincente, significa ser capaz de reproducirla a voluntad.

LUCES, ACCIÓN, EJERCICIO ANTE LA CÁMARA

Los siguientes ejercicios crean confianza. Trabaje con *una* técnica a la vez. Revise los capítulos 6 a 12 cuando necesite un impulso. Asuma riesgos. Sea audaz. Ensaye varios papeles para ver si tiene una personalidad más convincente y poderosa que anhela ser libre. Se sorprenderá y se sentirá orgulloso del presentador que llegará a ser.

Cree su propio público. Coloque notas adheribles amarillas en los respaldos de las sillas alrededor de la habitación, o bien desprenda retratos de diferentes rostros de las revistas. Amplifíquelas en la copiadora, recórtelas y adhiéralas con cinta a la pared. Sáquelas del armario cuando necesite un público para practicar. Los rostros le darán ojos en los cuales concentrarse a medida que se mueve por la habitación.

EJERCICIO PARA LA POSTURA: VÍDEO

Ejercicio 1

✔ Colóquese en frente de la cámara de vídeo. Equilíbrese sobre la parte delantera de las plantas, con el pecho erguido y los brazos a los costados. Establezca contacto visual con individuos.

✔ Hable de 30 segundos a un minuto acerca de su trabajo. Utilice la Fórmula Speechworks.

✔ Realice una vez más el ejercicio y hable de su lugar favorito para pasar sus vacaciones. •

Ejemplo
OM: Elija, por ejemplo, Cancún.

Tiene muchos atractivos turísticos.

La gente es muy amigable.

¡El clima es glorioso!

Elabore y recapitule.

Ejercicio 2
Ahora realice los mismos ejercicios sentado a un escritorio.

¿Se ve más convincente cuando habla acerca de su lugar favorito para pasar las vacaciones o de su trabajo?

Práctica diaria

Postura
Convierta el tiempo que espera el ascensor, el que pasa esperando en la caja registradora de la tienda de comestibles, o en la fila en el servicio de automóviles en una oportunidad para practicar su postura. Nadie sabrá lo que hace y se familiarizará con la sensación de una presencia segura.

Posición para sentarse
Cuando hable por teléfono desde su escritorio, siéntese derecho, inclínese hacia adelante y pretenda que la persona que llama se encuentra frente a usted.

EJERCICIO FACIAL

Ejercicio 3

Hable durante 30 segundos acerca de sus vacaciones sin utilizar ninguna expresión.

Ahora repita el mensaje. Sonría, utilice las cejas y verá que su presencia es agradable y no se parece en nada a la atrocidad que usted imaginaba.

Aprender a sonreír y a hablar al mismo tiempo es muy difícil para algunas personas. Sin embargo, una sonrisa es una gran herramienta para desarmar y es señal de seguridad. Un rostro serio sólo se ve ansioso y no necesariamente profesional ni confiado.

•

Práctica diaria

Practique la sonrisa y el arqueo de cejas todas las mañanas mientras se afeita o se maquilla. Descubrirá que se verá con más energía de lo que pensaba y no tan apagado como imaginaba.

EJERCICIO DE CONTACTO VISUAL: VÍDEO

Ejercicio 4

✔ Hable acerca de un informe que esté realizando.

✔ Colóquese frente a la cámara.

✔ Establezca contacto visual con los miembros del público.

Exprese un pensamiento completo a cada persona (objeto) durante tres a cinco segundos.
    Hay una tendencia natural a hacer una pausa cuando se habla a cada nuevo rostro. Esto produce una sensación de exclusividad en los oyentes.

ADEMANES Y MOVIMIENTO: VÍDEO

Ejercicio 5

Describa su oficina o habitación favorita con las manos y brazos. Lleve físicamente a los oyentes hasta su puerta, ventana, estante para libros, teléfono, etcétera. Describa ademanes firmes y exagerados que le darán una apariencia más abierta y con mayor control. Todos los ademanes deben ser hacia adelante. Mantenga el ademán...

Práctica diaria

Es posible practicar todas las técnicas, salvo la de contacto visual cuando hable por teléfono. Póngase de pie y gesticule. Camine alrededor de su silla. Practique la energía facial. Coloque un espejo cerca del teléfono; una sonrisa en el rostro se transmite a través de la voz.

EJERCICIO PARA LA VOZ: VÍDEO/AUDIO

Ejercicio 6

Interprete todos los papeles de cada uno de los siguientes ejercicios. Supérese y asuma riesgos con cada interpretación para hacer surgir una personalidad más poderosa.

El propósito de este ejercicio es experimentar con la variedad en la voz, practicar nuevas técnicas y asumir riesgos para cosechar recompensas. Piense en hacer pausas, resaltar una palabra, hablar en voz baja o alta, rápido o despacio. Proyéctese desde los dedos de los pies. Haga una escena improvisada de 40 segundos sobre el personaje y después revise. Hágalo una vez más. Vuelva a intentarlo.

- ✔ Un abogado al final de un juicio que presenta una súplica emocional al jurado para encontrar culpable/inocente al acusado. Utilice las pausas.

- ✔ Un entrenador que motiva al equipo perdedor en el medio tiempo.

- ✔ Un sargento de instrucción militar que reprende a las tropas.

- ✔ Un director general enojado que asume el control de una situación empresarial confusa.

- ✔ Un ciudadano que presenta una causa ante el ayuntamiento.

Cambie el ritmo: haga pausas, hable rápido, despacio, en voz alta y baja.

Práctica diaria

Practique en el teléfono y frente al espejo. Una vez que se vea con más poder y energía, no saldrá de casa sin ellas. Desnúdese. Entre en la ducha y articule sus palabras. El eco en el baño mejorará la proyección de su voz.

RECAPITULACIÓN

OM: Practique y aumente su seguridad.

→ Elija una técnica para practicar. Se requieren 21 días para cambiar un hábito. Elija y concéntrese en un elemento: la energía de la voz, el contacto visual o la pausa. Después continúe trabajando en otra faceta de sus habilidades de comunicación.

→ Practique todos los días. Practique en el teléfono, en juntas y en conversaciones.

→ Ensaye frente a la cámara. El director general de una importante compañía óptica siempre tiene una cámara de vídeo colocada en su sótano para practicar.

PARTE 3
Ganar

¡Atraiga y conquiste! Ahora que ya aprendió los detalles básicos, la Fórmula SpeechWorks y todos los movimientos adecuados, es hora de poner a prueba esta estrategia para atraer y ganar y establecer relaciones de largo plazo en todos los lugares correctos: presentaciones en equipo, reuniones, seminarios, al teléfono y, *¡gulp!*, en situaciones que requieren hablar de improviso.

Esta sección le enseñará:

✔ Qué clase de estrategia para atraer y conquistar se requiere para ganar en una presentación en equipo.

✔ Cómo utilizar la participación interactiva para interesar a los participantes en el seminario.

✔ Lo que entusiasma a la gente en una reunión.

✔ Cómo funciona la Fórmula para una entrevista de trabajo.

✔ Cómo hablar con seguridad y confianza en una situación imprevista.

Mientras más exitoso sea al utilizar la estrategia de atraer y conquistar, más valioso llegará a ser para usted mismo y para los demás.

15
La competencia al rojo vivo: Las presentaciones en equipo

Un despacho de contadores de los Seis Grandes intentaba, contra todas las probabilidades, arrebatar un cliente que durante 20 años se había mantenido fiel a otra empresa de este mismo grupo. Speechworks fue su instructor. Siguieron la Fórmula con exactitud. Produjeron tableros que destacaban los puntos principales con caricaturas. Uno de los tres puntos: "Estaremos con usted en un día lluvioso", se reforzó con un dibujo de un hombre vestido con un impermeable.*

El ensayo en equipo estableció la confianza, la continuidad y el ánimo. Acordaron reunirse el día de la presentación por la mañana, a las 7:30 a.m., en un McDonald's para una última reunión preparatoria.

El equipo ganó la cuenta. Fue, como escribieron, "un gran triunfo para nosotros." También lo fue para Speechworks. Pusieron en práctica una estrategia de atraer y ganar concentrada en el comprador, sustentada en apoyos visuales atractivos a la vista,* y ensayos que crearon una primera impresión fantástica y duradera.

El equipo lo hizo bien. También el suyo es capaz de lograrlo.

LANZAMIENTO

---

* Un método sin grandes avances tecnológicos, que no representa muchos esfuerzos y utiliza tableros con centro de hule espuma, además de caricaturas sencillas, es un ganador. La limpieza y el profesionalismo son importantes, la alta tecnología no.

ES UNA CARRERA HASTA LA META

Los empresarios, las compañías, los profesionistas y aun las organizaciones no lucrativas se encuentran a la caza de negocios. Veintisiete despachos de arquitectos compiten por una ampliación importante de un hospital. Sesenta y dos bufetes jurídicos compiten por una cuenta internacional multimillonaria. Una gran cantidad de compañías emergentes de alta tecnología persiguen continuamente a un pequeño sector de inversionistas.

Cuando la competencia abunda en todas partes y hay pretendientes muy apasionados en la cacería, necesita una estrategia de presentación en equipo para atraer y ganar. Si el cliente se convierte de pronto en el favorito de estos pretendientes ansiosos, tiene que avivar el compromiso y ser más atractivo que nunca.

Después de meses de tratar de ganar un posible cliente, usted conoce sus necesidades, su lugar único en la industria y cómo resolver sus problemas. Elegir candidatos a menudo es cuestión de decidir si el equipo está bien integrado y si transmite el mensaje deseado en una presentación de 30 minutos de duración.

CÓMO SOBRESALIR EN UN TIROTEO

Piense en los noticiarios de televisión. Al igual que un equipo de reporteros altamente competitivo, usted cuenta con menos de 30 minutos para dar a su público las noticias que pueden utilizar y convencerlos de elegir a su equipo.

Los miembros de los equipos de noticias constantemente editan los reportajes para reducirlos y ganar tiempo. En su presentación, le agradaría disponer de una hora para cautivar al posible cliente con los logros de su compañía. Sin embargo, los oyentes sólo quieren una explicación, que no se prolongue más de 20 o 30 minutos, respecto a cómo será capaz de solucionar sus problemas. Concéntrese en las necesidades de los clientes, no en su discurso, para captar su atención y alcanzar el éxito.

CONSIGA UN PRODUCTOR DE NOTICIAS

Las presentaciones en equipo, como la programación de los noticiarios, son acontecimientos que promueven los desacuerdos, están plagados de políticas internas, cambios constantes y tensión creciente. Las consecuencias de ello son los presentadores aterrorizados y las presentaciones confusas.

Acepte una sugerencia de los editores de asignación de noticias, quienes con el productor y los reporteros, organizan todos los días los programas. Consiga un líder, el presidente de la compañía o el líder del proyecto, que sea capaz de coordinar la lista de puntos que le darán credibilidad a su presentación y conseguirán índices elevados de auditorio.

La reunión matutina en la sala de redacción está abierta a recibir todas las ideas y a analizar qué reportajes cubrir, pero una sola persona es responsable de tomar las decisiones finales. Es posible que los reporteros supliquen para obtener 30 segundos más para sus historias. Detestan dejarle un reportaje jugoso a otro miembro del equipo de noticias. Usted vio cómo sucedía esto en *Murphy Brown*. Frank, Murphy y Corky a menudo se ven en problemas acerca de quién consigue un buen reportaje, pero Miles, el productor, es el que decide.

EL MENSAJE EMPRESARIAL

Empiece con el objetivo del mensaje, el asunto principal. ¿Qué beneficio le ofrece al oyente para animarlo a hacer negocios con usted? Determine los puntos clave.

El equipo de administración de activos de una gran empresa internacional de bienes raíces hizo una presentación al propietario de un complejo de oficinas en Tampa, Florida, para obtener el contrato de administración de sus instalaciones. Los líderes empresariales presionaron al equipo para usar el tamaño de la empresa, su antigüedad y clientes prestigiosos de Fortune 100 para realizar una presentación con diapositivas de alta tecnología para impresionar al cliente.

Todo sonaba muy bien. Pero como lector, probablemente se dé cuenta de lo erróneo de esta forma de pensar. Colóquese en los zapatos del comprador. ¿Qué necesitaba el propietario de los edificios?

El mensaje centrado en el oyente

Speechworks alentó al equipo a realizar una presentación más centrada en el comprador. El propietario del complejo de oficinas necesitaba servicio, administración experimentada y ocupación de inquilinos.

El equipo dio ejemplos de servicio atento y destacó que el 75 por ciento de los clientes de la empresa eran del mismo tamaño o más pequeños que el cliente potencial. Resaltaron el tamaño sólo como un recurso para encontrar inquilinos regionales, así como internacionales. El enfoque centrado en el oyente ganó el contrato.

SEPARE A SU EQUIPO DE LA COMPETENCIA

Siga el ejemplo de las estaciones de noticias regionales que compiten por televidentes e índices de auditorio: conozca a la competencia. ¿Qué fortalezas tienen? ¿Quiénes son sus estrellas? ¿Cómo es posible destacar los talentos de su equipo para demostrar de manera fehaciente que su compañía es diferente y mejor?

Los socios que ejercen la abogacía especializada en servicios médicos en Alston & Bird, el bufete jurídico más grande de Atlanta, son jóvenes. Sabían que los competidores traerían a sus socios más prominentes a la presentación. Ellos, por otro lado, se posicionaron como el equipo que efectivamente iba a administrar y a guiar el proyecto si les otorgaban el trabajo. Ganaron.

GENERE CREDIBILIDAD

Decir la verdad no es jactarse. Los abogados, contadores, banqueros e ingenieros se muestran renuentes a utilizar las historias de éxito en las presentaciones en equipo por temor a ser tachados de presuntuosos. Cuando se promueven a ellos mismos y a su equipo, prefieren utilizar generalidades cuando los *detalles específicos* son los que logran la venta.

Stanley Daniels, arquitecto ganador de varios premios, de Jova, Daniels, Busby, relató el comentario de un estudiante universitario para sustentar el punto acerca de los clientes satisfechos. "Caminaba por el campus cuando un estudiante me reconoció como el arquitecto. Mencionó que estaba en el último curso y sólo había disfrutado un año del nuevo centro deportivo para estudiantes. Habló acerca del estímulo que el centro había representado para el ánimo y la moral del campus. Me dio las gracias." Daniels llamó a eso el tipo de recompensa del que un cliente estaría orgulloso.

Si su compañía tiene clientes que son admiradores fanáticos, si ha conseguido negocios recurrentes de sus principales clientes, o si llevó a cabo entregas puntuales todos los días, permita que esos logros demuestren de manera elocuente las capacidades de su equipo. Hablar de los éxitos verdaderos no es jactarse: son hechos y generan credibilidad. Estas historias de éxito hacen que el encargado de la toma de decisiones diga: "Sí. Necesitamos un equipo que sea capaz de hacer eso por nuestra compañía."

Recientemente asistimos a las presentaciones de negocios de tres empresas de relaciones públicas para una importante organización no lucrativa en Atlanta. Cada una dio una presentación de la capacidad global y ofreció algunas ideas generales de lo que harían si ganaban la cuenta. Sólo una de ellas presentó una sugerencia específica con la que la fundación logró relacionarse y luego la respaldó con un ejemplo concreto de cómo había funcionado el proyecto en una empresa comercial. Ganaron la competencia.

Jamás nos cansamos de repetirlo. Los *detalles específicos* tienen más fuerza que las generalidades.

UTILICE APOYOS VISUALES PARA LOGRAR QUE SU EQUIPO SEA MEMORABLE

Gardner Coursen, socio del bufete de abogados Glass, McCullough, Sherrill y Harrold, cuenta con experiencia de primera mano respecto al poder de las gráficas en una presentación en equipo. "Triunfamos porque utilizamos un gráfica sencilla para demostrar cómo nuestro equipo atacaría un problema muy complejo."

Siga la regla de la televisión para los apoyos visuales. Use color, imágenes y gráficas para estimular la vista y despertar la curiosidad. Imagine el efecto de un equipo que

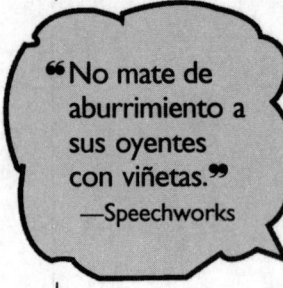

> "No mate de aburrimiento a sus oyentes con viñetas."
> —Speechworks

obliga al comprador a sentarse a ver diapositivas interminables de viñetas en comparación con el equipo que emplea imágenes interesantes y gráficas imaginativas. "No es posible convencer a alguien de comprar algo a través del aburrimiento" es uno de los lemas de Speechworks.

Haga que los clientes potenciales se sientan importantes. Una su logotipo con el de ellos para mejorar su presentación especial. Determine sus puntos fundamentales y lleve a cabo una tormenta de ideas para crear apoyos gráficos memorables que lo relacionen de manera visual con el posible comprador.

En ocasiones, el equipo de la presentación necesita salir de lo común. Trabajamos con cuatro compañías constructoras que hicieron una presentación de una empresa de riesgo compartido para construir el Georgia Dome. Su presentación abrió con un emocionante vídeo de fútbol (el Gancho), y después los socios principales (los comentaristas) empezaron con la reseña preliminar, seguidos de los administradores de niveles superiores, valuadores y administradores del proyecto (los reporteros).

Sus apoyos visuales eran ampliaciones de dos metros y medio por tres metros y medio montadas sobre un núcleo de hule espuma que servía como fondo único. La presentación cerró después de la sesión de preguntas y respuestas con obsequios de balones de fútbol de la NFL firmados por cada miembro principal del equipo de construcción. La presentación que duró 30 minutos tuvo la energía y el valor de las noticias de una cadena de televisión.

Ganaron un contrato de 150 millones de dólares. Usted vio los resultados en el Super Bowl XXVIII.

CIERRE CON CONVICCIÓN

En las presentaciones en equipo, el líder hace una recapitulación del objetivo del mensaje, los tres puntos principales y solicita el pedido del cliente potencial al término de la presentación. No es momento de ser tímido y albergar la esperanza de que el comprador sepa que su equipo está interesado.

PLANEE UNA SESIÓN DE PREGUNTAS Y RESPUESTAS

Planee las preguntas más incisivas, peores y terribles que podrían plantearse a su equipo. Solicite a cada miembro del equipo que presente tres preguntas fáciles y tres difíciles. Consiga preguntas de personas ajenas al proyecto que tengan un punto de vista que corresponda más al de un cliente potencial. Túrnense para responderlas. Consiga las aportaciones del equipo para mejorar las respuestas. Durante la presentación, el líder tomará las preguntas o las pasará al experto. Cierre con la recapitulación del líder y solicite una vez más el pedido.

Enfrentar las peores preguntas posibles en la comodidad de la oficina es mucho más sencillo que en una sala de reuniones desconocida... y cuando oiga que formulan la pregunta que esperaba, experimentará esa sensación de seguridad que produce un *"¡Bravo!"*

TENGA CUIDADO DE LAS NOTICIAS DE ÚLTIMO MOMENTO

El director general de una empresa de arquitectos constantemente cambiaba la presentación en el último momento. Esto es factible si se cuenta con un equipo experimentado de reporteros, pero incómodo y contraproducente para la mayoría de los equipos de presentadores de negocios.

ADOPTE UNA FORMACIÓN DEL EQUIPO AL ESTILO DE LOS REPORTEROS

Los comentaristas de televisión inician el programa, presentan las noticias principales y cierran el programa. Los reporteros llenan los intervalos con actualizaciones de sus campos de responsabilidad. Realice asignaciones similares en el equipo. El miembro principal del equipo es como el comentarista y presenta al equipo después de exponer el

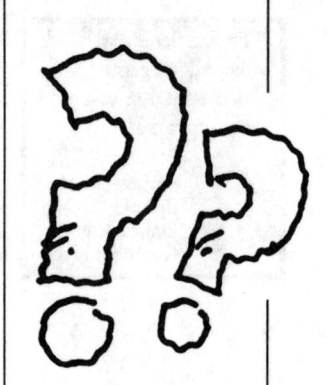

> "Todos tienen la voluntad de ganar. ¡Pero tienen la voluntad de prepararse?"
> — Bill Curry, entrenador de fútbol Universidad de Kentucky

gancho, el objetivo del mensaje y la reseña preliminar. El comentarista diría entonces: "Me acompaña _____, experto en legislación informática...", y presentaría a los miembros individuales del equipo.

ENSAYE PARA PERFECCIONAR LAS TÁCTICAS DEL EQUIPO

¿Sintonizaría con un equipo de noticias que leyera los reportajes, mirara al suelo, jugueteara con las manos y hablara mucho tiempo? No. Los comentaristas que aparecen en televisión son seguros, amenos y, sobre todo, experimentados.

Establezca una regla de ensayo sagrada de un mínimo de tres horas. Sin práctica, no hay juego. La mayoría de los equipos detestan practicar. Casi preferirían equivocarse frente al cliente que ensayar frente a los compañeros del equipo. Los colegas en el trabajo están prestos a criticar y difícilmente halagan. Los clientes guardan silencio. Pero votan con dólares.

Coloque una cámara de vídeo y grabe la presentación completa. Después pida a los miembros del equipo que se sienten cómodamente y la evalúen como si fueran los compradores. Este ensayo le da a cada miembro del equipo una sensación de familiaridad con el mensaje total y de cómo encaja cada una de sus partes. Elimina los traslapos y reduce los problemas de logística respecto al orden de la presentación, diapositivas y acetatos y el cierre.

> "No es perfección, es contacto."
> —Speechworks

Esté atento a detectar peculiaridades que podrían distraer del mensaje. ¿Trabajan bien juntos como equipo? ¿Respetan el tiempo de los demás? ¿Demuestran interés cuando los otros hablan? La meta es ser amable y mantener un tono de conversación... *contacto* no *perfección*. Lo demasiado insustancial resulta desalentador. Los presentadores débiles mejoran con la práctica.

Después de un ensayo completo, realice una práctica de transición. Los miembros del equipo deben ensayar su propio inicio y cierre y la transición al siguiente presentador. Los inicios y los cierres seguros, predeterminados y bien expuestos eliminan las divagaciones y generan credibilidad.

Los miembros del equipo de noticias de televisión conocen con exactitud la duración al aire de sus segmentos. Los presentadores en equipo necesitan la misma disciplina. Aseguran que detestan hablar, pero una vez que se ponen de pie, parece imposible callarlos. Las divagaciones arruinan las relaciones, crean angustia entre los compañeros del equipo y acaban con la oportunidad de la presentación.

HOJA DE VERIFICACIÓN PARA EL ENSAYO

Califique su presentación como si fuera el cliente potencial.

1. ¿Entienden bien nuestras necesidades? ¿Comprenden la función única que desempeñamos en nuestra industria? ¿El beneficio que ganaremos?
2. ¿Han trabajado con clientes similares?
3. ¿Han trabajado en nuestros mercados meta con anterioridad?
4. ¿Cómo califica la calidad de su trabajo?
5. ¿Quién trabajará con nosotros (nuestros contactos) y qué experiencia tienen?
6. ¿Cuentan con un equipo equilibrado? ¿Disponen de personal experto en las áreas que necesitamos?
7. ¿La presentación estuvo bien organizada y dirigida a nuestras necesidades específicas?
8. ¿Crearon un buen ambiente entre ellos y con nosotros?
9. ¿Cuentan con el personal, la tecnología y las instalaciones físicas para manejar nuestro negocio?
10. ¿La administración es sólida? ¿Tiene un punto de vista de largo plazo?
11. ¿Tienen algo diferente que concuerde con nuestras necesidades actuales y futuras?
12. ¿Existe un proceso para evaluar los avances? ¿Hay un método organizado para medir el éxito?

CALIFIQUE SU PRESENTACIÓN COMO SI FUERA EL CLIENTE POTENCIAL

Los índices de auditorio son la meta del equipo de noticias. De igual manera, usted también será calificado por su presentación.

Un beneficio fuerte, puntos de apoyo convincentes y ejemplos interesantes deben dirigirse a solucionar las necesidades de los posibles clientes. Una presentación segura y en tono de conversación por parte del equipo transmite la sinergia y la fortaleza del equipo.

Utilice la lista de verificación que aparece en la página anterior para que los ensayos del equipo cumplan con todos los objetivos.

RECAPITULACIÓN

OM: ¡Sea un ganador!

→ Piense en los noticiarios de televisión: consiga un productor de noticias, comentaristas y reporteros para lograr que el equipo destaque en medio del tiroteo.

→ Organícese: induzca las tormentas de ideas, perfeccione una estructura, cree apoyos visuales y planee una sesión de preguntas y respuestas.

→ Ensaye: ¡cómo si el flujo de efectivo dependiera de ello!

16
Seminarios que despiertan el interés y venden

Seminarios que despiertan, enlacen y venden

Como uno de nuestros maestros favoritos suele decir: "La gente hace negocios con las personas que le simpatizan y en quienes confía. Para que confíen en uno, tienen que conocerlo y eso requiere tiempo." Un seminario es el momento propicio para iniciar dicho proceso. Despertar la curiosidad. Crear ansia de saber. Dé a los asistentes al seminario una muestra de cómo usted o su compañía han solucionado los problemas de otros y querrán ir con usted a cualquier parte.

Para alcanzar el éxito, no tiene que ser Tony Robbins o Zig Ziglar, sino seguir una fórmula para triunfar, o arriesgarse a perder su tiempo y dinero.

DEFINA AL AUDITORIO Y CÓMO ATRAERLO

Decida qué nicho quiere atender. Un asesor financiero se concentró en los jubilados porque eran accesibles. A diferencia de los propietarios de empresas o los médicos, leen su correspondencia y contestan el teléfono.

Renee Brody Levow, del grupo asesor de alto nivel 401K en The Robinson-Humphrey Company, capta el mercado de los contadores empresariales y los directores de finanzas de las compañías públicas y privadas que ofrecen o planean iniciar planes 401K.

Al igual que la mayoría de los seminarios sobre nichos de mercado, la señora Levow utiliza el correo directo para llenar sus seminarios. Contrata estudiantes para localizar y conseguir listas de correos, pero ella en persona realiza todas las llamadas de seguimiento. Es el contacto personal lo que empieza a formar la relación. Hay *tres* contactos antes de que el cliente potencial asista al seminario. Los asistentes reciben una invitación. Después de realizar una llamada para obtener boletos gratis, reciben una nota y un mapa. Dos días antes del seminario, ella hace una llamada telefónica de recordatorio.

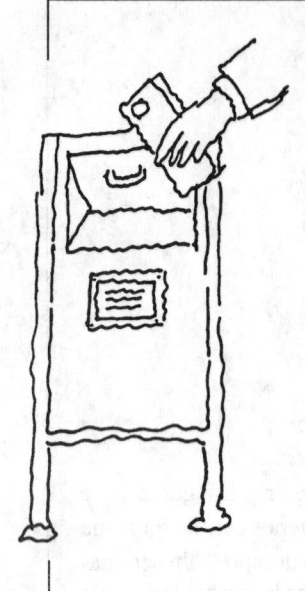

•

APRENDA DE LOS PROFESIONALES EN SEMINARIOS

Durante 18 años, Money Management Seminars, con sede en Portland, Oregon, ha diseñado seminarios para los profesionales de las finanzas y las ventas a fin de ayudar a aumentar su cartera de clientes. Sus seminarios educativos sobre los inversionistas se celebran en tres sesiones de dos horas y media de duración cada una y no se ofrece ningún discurso de ventas. Creen que tres seminarios establecen la relación y la confianza entre el asesor financiero y los asistentes. La cuarta sesión, que es una junta opcional, con-siste en una asesoría financiera privada. La cuota de 50 dólares por el seminario y el libro de trabajo tiene el propósito de atraer a participantes comprometidos.

La regla práctica de la industria es que una lista de correos bien enfocada de 10,000 producirá un rendimiento de .03%... Esto es, alrededor de 20 personas. De éstas, aproximadamente 60% se convertirá en clientes. También recomiendan ofrecer dos o tres seminarios a la vez para aprovechar al máximo el envío de correspondencia directa y ofrecer días de reposición para los asistentes.

CONCÉNTRESE EN LAS NECESIDADES DE LOS PARTICIPANTES

¿Qué beneficio obtendrán los oyentes que asistan? ¿Aumentarán sus ventas, llegarán a ser más productivos, invertirán de manera más redituable, serán más aptos, aprenderán a utilizar la computadora de manera más eficiente?

Trabajamos con un abogado que iba a dar un seminario acerca de los problemas que implicaba una nueva legislación fiscal. La información tenía todos los elementos de un monólogo aburrido.

Recomendamos que identificara con claridad el beneficio para los oyentes. Inició con un concepto de plan de batalla dirigido a demostrar cómo maniobrar a través del peligroso territorio fiscal. Habló acerca de tres minas de arena potenciales y ofreció estrategias para librarlas. Atrajo y conquistó al grupo con este animado enfoque a un tema sumamente aburrido.

LAS GUÍAS DE ESTUDIO QUE CONTIENEN ESPACIOS PARA LLENAR REAFIRMAN LA INFORMACIÓN

Utilice guías de estudio que contengan espacios para llenar. Incrementan la participación de los asistentes y evitan que los competidores le roben información.

En lugar de presentar por escrito la información, deje espacios en blanco. Los asistentes llenan esos espacios a medida que usted proporciona la información. Invítelos a detenerlo si omite una sección, o si no están seguros de su información.

Emplee acetatos para reforzar la guía de estudio. Los participantes ven, oyen y registran, mientras el instructor toma notas. La participación reafirma el aprendizaje.

Asegúrese de que el nombre de su compañía, número telefónico y otra información pertinente se incluya en las guías de estudio y material distribuido, con el propósito de garantizar que los clientes potenciales se comuniquen con facilidad.

ENSAYE PARA ASEGURAR EL REFINAMIENTO

Ensayar proporciona la confianza para dar una presentación que tenga un alto nivel de energía y el tono propio de la conversación. También brinda un panorama del contenido, la fluidez y el carácter oportuno.

Moderamos un pequeño seminario para propietarios de empresas ofrecido por Sprint. El lapso para hablar de cada uno de los seis miembros del panel se limitó a diez minutos para asegurar una sesión equilibrada. Controlamos el tiempo de manera escrupulosa. Un minuto adicional aquí y otro allá aburren y desaniman a los oyentes.

Uno de los expositores tenía mucho más información que tiempo. Si hubiera ensayado, habría estado en posición de controlar fácilmente los apoyos visuales, información y duración de su presentación. A medida que el tiempo transcurría, se vio obligado a exponer con demasiada rapidez y a eliminar algunas de sus diapositivas. Dio la impresión de estar de prisa y desesperado y fracasó en establecer su punto.

REALICE UNA PRESENTACIÓN INTERACTIVA

Disponga la habitación de modo que, como orador, forme parte integral del auditorio. Los podios y las plataformas le separan de los participantes. Cuide que haya acceso fácil al grupo. La interactividad cambia el ritmo y eleva el nivel de interés.

Un asesor financiero hacía participar a los integrantes del público al pedir que elaboraran una lista de los gastos más comunes en que incurrían, en lugar de presentar su lista. Anotó en el pizarrón lo que los participantes enumeraban, como comida, vivienda, automóvil, diversiones. Como resultado, los participantes interactuaron con él y entre sí. Sintieron que tenían cierto control de su situación y él llenó con facilidad todos los puntos que no habían sido mencionados.

Para incluir a los asistentes reacios a participar, divida un auditorio grande en grupos de análisis más pequeños de cinco o seis personas. Formule una pregunta o presente una situación y pida a cada grupo que la analicen. Después, solicite retroalimentación de un miembro de cada grupo.

Un despacho de contadores de los Seis Grandes llevó a cabo un seminario fiscal FSB109 para sus clientes empresariales. En lugar de comparar los métodos nuevos con los viejos, el líder del seminario llevó a cabo un ejercicio específico en el que pidió a cada mesa de participantes que pensara en comparaciones al utilizar los métodos fiscales nuevos y viejos.

Se sorprenderá de la cantidad y calidad de la información que resulta de la participación del auditorio. Esta participación derriba las barreras de comunicación y entabla relaciones.

Bob Pike, presidente de Creative Training Techniques, es un maestro de las técnicas interactivas de capacitación. Cree firmemente en dos conceptos: la gente cree en su propia información y, como decía Confucio: "Lo que oigo, lo olvido. Lo que veo, lo recuerdo. Pero lo que hago, lo entiendo."

EVALÚE PARA MEJORAR

Grabe en vídeo el seminario para verse a sí mismo desde la perspectiva de los participantes. Solicite a los asistentes que llenen una evaluación al final del programa. Obtendrá retroalimentación sobre la materia, una evaluación de la calidad de la presentación y citas que le ayudarán a promover el siguiente seminario. La evaluación no debe ocupar más de una página, pues se corre el riesgo de irritar al oyente,

FORMULARIO MUESTRA PARA LA EVALUACIÓN DE UN SEMINARIO

NOMBRE: _____ FECHAS: _____
           (opcional)

En nuestro esfuerzo constante por mejorar nuestro seminario, agradeceremos cumplidamente sus respuestas a las preguntas y afirmaciones que se enumeran a continuación. Por favor, incluya cualquier comentario que desee hacer.

1. ¿Qué idea o concepto se llevará usted como resultado del seminario?
_____
_____

2. Qué le gustaría modificar?
_____
_____

3. ¿Cómo describiría el seminario de hoy a un colega que considere asistir?
_____
_____

Por favor, responda a las siguientes preguntas, con base en una escala del 1 al 10, en la que 10 equivale a "muy valioso" y 1 a "sin valor."

4. ¿Las ideas y conceptos del seminario fueron valiosos para usted?
    Por favor, comente:
_____
_____

5. ¿Cómo calificaría la eficacia del presentador?
    Por favor comente:
_____
_____

LISTA DE VERIFICACIÓN PARA UN SEMINARIO

Prepare

- ✔ *Conozca su material.* Usted es un experto en compartir sus soluciones a los problemas del público. Use la fórmula para organizar el seminario: reseña preliminar, presentación, recapitulación.
- ✔ *Conozca al auditorio.* Obtenga una lista de los asistentes antes de la sesión, si es orador invitado y no generó la lista. Llame a unos cuantos participantes para investigar sus necesidades.
- ✔ *Llegue temprano.* Permita que la gente lo vea y lo conozca y quédese hasta tarde. La meta es entablar relaciones. Llegue temprano para oír a otros oradores y relaciónese con lo que dicen.

Persuada

- ✔ *Acérquese a su auditorio.* Aléjese del podio. Regrese sólo para verificar sus notas.
- ✔ *Jamás lea su presentación.*
- ✔ *Deje las luces encendidas.* Los pizarrones y los rotafolios forman relaciones. Las diapositivas dejan al auditorio a oscuras.
- ✔ *Interactúe con el grupo.* Haga preguntas. Genere la participación.
- ✔ *Dé todo.* Mientras más informe sobre cómo solucionar el problema, los participantes pensarán que hay más que saber.
- ✔ *Proporcione ejemplos.* Explique cómo usted y su organización han resuelto los problemas de otros en situaciones similares. Éstos son comerciales subliminales.
- ✔ *Responda a las preguntas cuando se presenten.* Si se siente cómodo con la sesión de preguntas y respuestas ganará puntos como instructor y como persona capaz de solucionar problemas. Proporcione tarjetas de 3 x 5 para preguntas personales que no interesen al grupo en su conjunto. Ofrezca responder a éstas durante el receso.
- ✔ *Reciba retroalimentación en el receso.* Pregunte a los asistentes por qué vinieron, si están recibiendo la información que necesitan o si falta algo. Lleve a cabo los ajustes necesarios para satisfacer las necesidades del auditorio.
- ✔ *Pida a los participantes que llenen la evaluación.*

Realice un seguimiento

- ✔ *Envíe a los participantes una nota de agradecimiento por su asistencia.*
- ✔ *Envíe información de seguimiento.* Si analiza algo durante el receso, envíe información adicional o artículos de interés más adelante.
- ✔ *Llame a los participantes para solicitar retroalimentación sobre el seminario.*
- ✔ *Continúe cultivando las relaciones y consiga clientes.*

que está impaciente y listo para irse.

Un líder de seminarios destacó la importancia de las evaluaciones al relatar la anécdota acerca de un competidor que gustaba de interrumpir para molestar al orador y cuyas quejas a la universidad que lo patrocinaba lo colocaron en riesgo de perder la prestigiosa ubicación de los seminarios. Las reseñas positivas de las evaluaciones de los demás participantes claramente refutaron el cuestionamiento.

LLEVE A CABO SEGUIMIENTOS PARA GANAR

Los expertos en seminarios opinan que de 25 a 60% de las oportunidades de hacer negocios se pierde si no se lleva a cabo un seguimiento entre los asistentes. Formule una estrategia de seguimiento cuando planee el seminario. Establezca el seguimiento como parte del contenido del seminario. "Tengo una guía de inversiones de seis puntos para ayudarlo a tomar decisiones prudentes. Los analizaré con usted cuando realice el seguimiento."

RECAPITULACIÓN

OM: Los seminarios crean relaciones que generan negocios.

→ Prepare. Planee con anticipación para garantizar la asistencia y la atención a los detalles.

→ Persuada. Presente con seguridad y establezca comunicación con sus oyentes al hacerlos participar en el seminario.

→ Realice un seguimiento. Lleve a cabo el seguimiento para cultivar las relaciones y solucionar los problemas de los clientes potenciales.

17
El secreto para obtener la participación del público

Las personas que hablan mucho aburren. El verdadero buscador de negocios escucha. Aun el participante más tímido o más reticente tiene pensamientos, opiniones y experiencias sobre cualquier tema. Su contribución los hace partícipes de la información y la relación. Realice sus presentaciones de manera interactiva y los receptores se sentirán valorados e importantes.

Ahora que domina la Fórmula y se siente seguro con las técnicas de presentación, utilice estos procedimientos interactivos para reafirmar su éxito como comunicador. El método interactivo funciona en las presentaciones de ventas, reuniones, seminarios, talleres, presentaciones de nuevos negocios o formales. Tenga valor. Su auditorio meta se sentirá muy bien.

LA DIFERENCIA QUE ATRAE

El presidente de una importante cadena hotelera realizó un taller inspirador acerca del liderazgo. Inició la sesión y "enganchó" a su público al pedir a los participantes que elaboraran una lista de las características de los líderes en comparación con las de los gerentes. Utilizó el criterio del auditorio como la base de su presentación. El debate fue animado, personal y apasionante. El grupo participó en la información y asumió la responsabilidad de las conclusiones.

Más adelante en ese mismo año, este ejecutivo leyó un discurso para establecer la tónica sobre esa misma materia. Aunque la información era la misma, la energía y vitalidad estaban ausentes. El auditorio recibió la información, no participó. Escuchó en lugar de tomar parte.

TODO EL MUNDO LO HACE

La programación de televisión es una actividad que requiere participación. Donahue, Oprah, los programas de entrevistas, de juegos y concursos y aun las cadenas televisivas de comercio electrónico demuestran que al teleauditorio le gusta participar. Los programas de radio de entrevistas que ofrecen línea abierta al público atraen a muchas personas. Los navegantes de Internet gustan de hacer contribuciones en los foros de conversación.

Capte la atención del oyente mental, física y emocionalmente y colocará los cimientos de una relación, al tiempo que asegura la participación del público en el resultado. Los buenos vendedores conocen la regla: "Hable 25 por ciento. Escuche 75 por ciento." Adopte esta regla en su presentación de negocios y entable relaciones que generen utilidades.

Dos abogados de un bufete jurídico muy importante de Atlanta ofrecieron un seminario de educación continua que duraba tres horas, sobre el tema de los recursos legales, para 70 jueces en derecho administrativo. La materia, que era muy árida, se convirtió en una actividad participativa. El OM de la presentación fue: "Al comprender los recursos, los jueces ahorrarán tiempo."

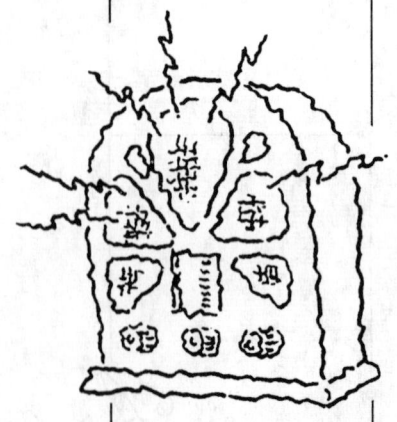

Los abogados iniciaron la sesión al preguntar acerca de los procedimientos más comunes que llegaban hasta los jueces. Hubo diversos voluntarios. Entonces, un abogado presentó a los jueces administrativos los diez recursos principales.

El auditorio se encontraba distribuido en diez mesas. A cada mesa se le asignó una situación hipotética y se le pidió que aplicara un procedimiento específico. Un voluntario de cada grupo informó acerca del caso. Los abogados destacaron las dos características principales de cada recurso en un acetato. Si surgían preguntas, los abogados solicitaban la participación del grupo. Los jueces que contaban con mayor nivel disfrutaron de su función como expertos contribuyentes y la sesión rebasó todas las expectativas.

Los resultados:

Todos aprendieron más acerca de los recursos específicos.

A los jueces les agradó la participación de sus colegas.

Los grupos incrementaron el cuerpo de conocimientos sobre los recursos jurídicos.

El bufete mejoró su relación con los jueces.

Los abogados creyeron que la sesión resultó muy productiva y exigió menos trabajo.

POR QUÉ LOS PRESENTADORES TEMEN A LA PARTICIPACIÓN

He aquí cinco pretextos que emplean los presentadores para no alentar la participación del auditorio:

"Tengo mucho qué decir."

"Es más fácil para mí sólo hablar."

"Me siento más seguro con el estilo de conferencia."

"La gente pensará que no conozco mi material."

"Tengo miedo de perder el control."

Las verdaderas razones son: "No sé cómo hacerlo." "Me da miedo solicitar aportaciones." "¿Qué ocurrirá si nadie dice nada?"

Créanos. En diez años de presentaciones interactivas, los miembros de los grupos jamás han dejado de responder. El verdadero problema es callarlos. Aunque tal vez abarque menos, el grupo recordará más. Las aportaciones de los individuos aumentan el cuerpo de conocimientos.

POR QUÉ UNA PRESENTACIÓN INTERACTIVA FUNCIONA TANTO PARA LOS PRESENTADORES COMO PARA LOS OYENTES

Presentadores

1. Cambia el ritmo y mantiene la atención de los oyentes.

2. Le da al presentador más tiempo para pensar y reordenar sus ideas.

3. Aumenta el convencimiento. Los grupos que trabajan para demostrar *sus* ideas son ganadores. El auditorio cree más en su propia información que en la de usted.

4. Incrementa la confianza. La habilidad para interactuar crea relaciones.

5. Añade humor y espontaneidad a través de la retroalimentación del grupo.

6. Pone de manifiesto nueva información que puede emplearse en presentaciones futuras.

La participación significa menos trabajo para usted. Es más sencillo formular una pregunta que dar la respuesta. Se le reconocerá por ser más listo, más valiente y por hacer la información más amena para todos.

Oyentes

1. El aprendizaje adquiere mayor relevancia. Compartir experiencias y técnicas para solucionar problemas aumenta la capacidad del público de aplicar la información a su trabajo.

2. Los oyentes participan más y disminuye la preocupación respecto a los pensamientos expresados en voz alta.

3. En actividades de grupo, ofrece a los miembros tímidos una oportunidad de hacer sus aportaciones en debates dentro de grupos pequeños y a los participantes más activos, una oportunidad de presentar las conclusiones del grupo.

4. Brinda la oportunidad de moverse y establecer un mayor contacto físico.

5. Crea relaciones entre compañeros de trabajo y miembros del grupo.

El desafío consiste en hacer algo más que sólo entregar información. Es motivar al oyente para que recuerde la información, la valore y proceda en consecuencia. Para lograrlo, determine el conocimiento que sus participantes aportarán al seminario. La interacción se basa en el conocimiento previo. Los participantes no podrán sostener un debate acerca de los mejores métodos para anunciar un producto si no cuentan con conocimientos de los métodos publicitarios, costos y mercados meta.

Empiece con poco. Realice una sola actividad en una presentación. Una vez que lo pruebe, quedará atrapado. Una presentación interactiva provoca aplausos.

NUEVE MANERAS PARA QUE LOS GRUPOS INTERACTÚEN

1. *Preguntas y respuestas.* Ésta es la forma más común para interactuar. ¿Ha oído alguna vez el comentario: "La presentación se puso interesante cuando empezó la sesión de preguntas y respuestas"?

2. *Encuestas para los seminarios que rompen el hielo.* Un corredor bursátil realizó una presentación interactiva ante un grupo de posibles clientes. Llevó a cabo una encuesta rápida para dar al grupo una sensación de las semejanzas y diferencias que compartían respecto a invertir.

    Formuló una serie de preguntas que iban desde: "¿Cuántos de ustedes invierten en acciones de empresas de servicios públicos?" y "¿Cuántos de ustedes han considerado los bonos?", hasta "¿Cuántos de ustedes invierten en la actualidad en acciones internacionales?" La encuesta estableció relaciones y proporcionó guías para las experiencias compartidas.

    Directrices para encuestas. Proporcione a los participantes de sus seminarios una sensación de sus semejanzas y diferencias simplemente al mostrar las cartas. Formule una serie de preguntas pertinentes que establezcan su tema.

    ¿Cuántos de ustedes viajan más de _____ kilómetros al año?
    ¿Cuántos de ustedes emplean un servicio en línea?
    ¿Cuántos de ustedes tienen un testamento escrito?

3. *Ponga en marcha sus reuniones.* Como presidente del Comité de comunicación de la Cruz Roja, Marie Dodd, ejecutiva de Atlanta, inició una reunión al solicitar ideas para promover el Holiday Blood Drive en Atlanta. Concedió tres minutos

a los grupos pequeños. Pensaron en 11 ideas. Cuatro fueron puestas en práctica antes de las dos semanas siguientes.

Haga que el grupo participe mientras espera que gente clave llegue a la reunión. A los participantes les gusta el desafío. Los que llegan puntualmente se sienten importantes e implicados. Aquellos que llegan tarde se pierden de los momentos de diversión, pero no de la información crítica.

Directrices para que la sesión se ponga en marcha de inmediato. Haga preguntas como:

¿Por qué los clientes compran nuestros productos?

¿Cuál sería la solución más extravagante para este artefacto?

¿Qué despertaría la curiosidad en nuestros compradores?

¿Cómo lograr que publiquen un artículo en el *Wall Street Journal* acerca de este producto?

¿Cuál es la debilidad más grande de este producto?

4. *Cree una lista de actividades "hágalo usted mismo" en una reunión comida.* Solicitamos a un grupo de miembros fundadores del cuerpo docente de la Universidad de Georgia que elaborara una lista de los lugares en el campus en los que los miembros emplean sus técnicas de comunicación. En menos de cinco minutos pensaron en una lista de 40 lugares. La interacción fue más interesante y orientada a la acción que leer en una diapositiva *nuestra lista* de los mismos 40 sitios.

Directrices para crear listas "hágalo usted mismo." Pida al grupo de trabajo de su seminario crear una lista. Solicite tantas ideas como sea posible sobre un cierto tema, en un lapso determinado. Registre la lista en un pizarrón o un rotafolios. Esto halagará a los participantes respecto a sus conocimientos. Complete los puntos faltantes. Esta actividad se emplea en reuniones, presentaciones, seminarios o comidas de negocios.

5. *Utilice el debate entre grupos pequeños para asegurar el apoyo en conjunto.* Char Fortune, vicepresidenta de ARES Realty Capital, guió un debate de grupo acerca de las posibilidades para que el equipo completo de ARES apoyara una nueva actividad comercial.

Después de explicar los detalles de la iniciativa para el nuevo negocio, pidió a los miembros de cada grupo que pensaran en una lista de servicios y en una historia de éxito que demostrara su capacidad para entregar este servicio de manera eficaz.

Durante la comida, cada grupo expuso su anécdota. Los miembros presentaron el problema, la solución y los resultados. "Sus anécdotas e ideas de servicio fueron motivadoras. El grupo salió entusiasmado y adquirió un mayor sentido de responsabilidad respecto a la realización de la nueva iniciativa", afirmó.

Directrices para debates de grupos pequeños. Divida a los grupos de 10 a 50 personas en otros más pequeños de 3 a 6 integrantes. Proporcione el propósito e instrucción. Retírese. Permita que se esfuercen; es parte del proceso compartido de aprendizaje.

Sugerencias para temas de debate:

¿Qué problemas tienen para organizar su información?

¿Qué beneficios ofrece esta nueva estrategia a su división?

¿Cómo podemos comercializar con éxito nuestros productos en Internet?

Directrices para debates de grupos más grandes. Divida a los grupos de 50 a 200 personas en otros más pequeños de 20 integrantes. Los debates generales acerca de temas que tienen relevancia para la experiencia cotidiana de los grupos son más animados.

Sugerencias de temas de debate:

¿Qué beneficios ofrece establecer redes de contactos?

¿Cuáles son los inconvenientes?

Elaboren una lista de oportunidades para crear redes de contactos.

Objeciones y soluciones. Si el grupo tarda mucho en iniciar, pregunte a una persona específica: "¿Qué clase de actividades realiza para crear redes de contactos?" "¿Cómo emplea su PC?"

6. *Sesiones de tormentas de ideas en reuniones o seminarios.* Un ejecutivo de publicidad llenó la mesa con revistas y carpetas de viajes. Abrió una sesión de

tormenta de ideas al solicitar conceptos para promover una posada campestre en West Virginia. Utilizó las revistas para generar pensamientos de inmediato.

Doug Hall, autor de *Jump Start Your Brain,* es partidario de utilizar estímulos, objetos de utilería, libros, revistas, juguetes, algo interesante para desencadenar el flujo de ideas. Cree que un grupo diverso ofrece una perspectiva más amplia y produce ideas y soluciones innovadoras. Una idea genera otra.

Obtenga una perspectiva novedosa respecto a un problema nuevo o fastidioso mediante una sesión de tormenta de ideas. Desate una reacción de pensamientos en cadena acerca de cualquier problema, desde cómo aumentar la productividad hasta horarios alternativos de trabajo.

Directrices para las sesiones de ideas. Piense visualmente acerca de su problema y presente un *estímulo,* un apoyo visual que se refiera al problema. Por ejemplo, un destornillador sería útil para imaginar el rediseño de un producto o un reloj de Mickey Mouse serviría para las ideas relativas a horarios.

Para empezar, aplique la regla de que *no existen ideas malas* en el proceso de la sesión de ideas. Una actitud negativa impide el entusiasmo y las aportaciones. Permita que el flujo corra libremente. Es posible que una idea mala conduzca a otra estupenda.

Pida que una persona registre las ideas en un rotafolios. La actividad debe ser amena y relajante. Evite las situaciones extenuantes.

Detenga la sesión cuando el flujo cese.

7. *Establezca la prioridad en los temas de debate o de acción: el voto de los puntos verdes (participación física).* Organizamos un taller para el National Board of Junior Achievement. A fin de definir las prioridades de los conceptos de análisis, colocamos un anuncio en la pared que contenía la agenda del taller. Después, le dimos a cada miembro del comité tres puntos verdes (puntos autoadheribles) y solicitamos que votaran respecto a los tres conceptos de la agenda en los que tuvieran mayor interés.

En menos de tres minutos, habíamos definido la prioridad de los conceptos de acuerdo con los intereses del grupo y brindamos una oportunidad de interactuar a los participantes.

Directrices para utilizar el voto de los puntos verdes. Los participantes están impacientes por votar por sus preferencias. Asegúrese de proporcionar instrucciones claras *antes* de repartir los puntos.

Este ejercicio es útil para:

Definir la prioridad de los conceptos resultantes de la sesión de ideas.
Determinar los problemas más críticos. •
Determinar rumbos nuevos.
Determinar las soluciones más convincentes.

8. *Cambie a los integrantes para que los grupos se renueven y sean más productivos.* Una ejecutiva de bienes raíces se enfrentó a un grupo casi comatoso que había escuchado en la oscuridad una presentación con diapositivas, durante aproximadamente dos horas. Era el momento de actuar.

    Pidió al grupo de 75 personas que se pusiera de pie; solicitó a cada persona que contara en voz alta y por turno del uno al siete y después se trasladara a la mesa con el número correspondiente. Brindó a los miembros del grupo la oportunidad de moverse y estirar las piernas antes de empezar su presentación. Fue una estrategia justo a tiempo que conquistó a la multitud y ganó su admiración y sus mejores aportaciones.

    Directrices para cambiar a los grupos. Pida a su grupo que se ponga de pie y cuente por turnos. A todos los que les toque el cinco van a la mesa cinco, a todos los que les toque el uno van a la mesa uno.

    Es posible realizar este mismo ejercicio con los cumpleaños. Todos los que cumplan años en noviembre y diciembre se colocan en la mesa uno. Todos los que cumplan años en febrero y marzo se colocan en... Es ameno, informativo y rápido.

9. *Juegue a los acertijos con dibujos.* Logre que su grupo interactúe de manera visual. Un grupo de vendedores de seguros actuaron de inmediato cuando solicitamos que dibujaran los productos que vendían, en lugar de describirlos por escrito. Crearon dibujos de colisiones de automóviles, tornados, diplomas universitarios, incendios, computadoras dañadas y tumbas. En seguida, col-

gamos los dibujos alrededor de la habitación.   Fue visualmente interesante, divertido y logramos que los vendedores consideraran su actividad comercial cotidiana con nuevos ojos.

Directrices para los acertijos con dibujos. Haga que los integrantes participen de manera visual después de una larga sesión verbal. Divida al público en grupos pequeños y proporcione a cada grupo una hoja de papel de rotafolios. Solicite a los miembros que dibujen:

Una imagen del significado de *calidad* con respecto a su producto.
Imágenes visuales, *recordatorios,* de lo que aprendieron de la reunión, seminario o taller.

Objeciones y soluciones. Los oradores temen respuestas como:

"No sé dibujar."
"No es posible visualizar mi trabajo."

Esto no ocurre en una actividad de grupo por dos razones.

1. Alguien pondrá el ejemplo.
2. Usted ordenó que lo hicieran. Usted es el líder.

RECAPITULACIÓN

OM: Interactúe para conseguir el convencimiento del oyente.

→ Planee con anticipación. Actúe como un abogado y conozca las respuestas antes de formular las preguntas. Cree ejemplos que desencadenen la interacción.

→ Practique al dar instrucciones paso por paso con el fin de evitar confusiones. Asigne límites de tiempo. Avise cuánto tiempo debe tardar cada actividad.

→ Actúe de manera segura. Utilice la voz y el movimiento para controlar al grupo.

18
Tenemos que dejar de vernos así: juntas

¿**E**spera con impaciencia sus citas con el personal, clientes o clientes en perspectiva, y éstas resultan estimulantes y provocativas? Esfuércese por planear una junta que dé resultados. Cree un formato ágil y apegado al tiempo preestablecido. Estimule las aportaciones del público y observe cómo aumenta la productividad.

Tanto los líderes como los participantes desempeñan una función en la realización de juntas memorables. Ya sea que planee el orden del día o prepare un informe, comparte la responsabilidad de mantener el rumbo de los debates y de añadir energía y ritmo.

> "Dos de los más grandes problemas en Estados Unidos son hacer que los extremos se encuentren y lograr que las juntas terminen."
> —Robert Orben

EL PAPEL DEL LÍDER

Primero el orden del día

Utilice la Fórmula para establecer el orden del día. ¿Cuál es el OM (motivador), el beneficio de la reunión? Planee para ofrecer una reseña preliminar y después conduzca al equipo a través de la agenda. Concluya con una recapitulación y convoque a la acción.

Obtenga información de los participantes con respecto al orden del día, esta estrategia ayuda a convencer. Envíe el orden del día con anticipación, de manera que todos se encuentren mentalmente preparados para la reunión.

> "Un problema bien expuesto es un problema medio resuelto."
> —Charles Kettering

Empiece con prontitud

Atrápelos. Logre que los participantes se interesen en seguida en el tema y que su mente empiece a pensar en cuanto la junta se inicie. Empiece con algo que llame la atención: una anécdota, una caricatura, un hecho sorprendente, o una estadística reveladora, algo espectacular o novedoso.

Esta estrategia le permite empezar de manera puntual, conceder un tiempo de tolerancia para quienes lleguen tarde y evita cubrir material básico antes de que todo el grupo se encuentre reunido.

Empiece con una pregunta interesante, divida a los participantes en grupos pequeños y dé dos minutos para ofrecer respuestas. "¿Por qué las compañías compran nuestros productos?" "¿Qué tipo de proyecto de servicio a la comunidad podemos poner en práctica que eleve la moral del equipo y obtenga reconocimiento para nuestra organización?"

Establezca las responsabilidades desde el principio

Informe a los participantes cómo afectará la junta a cada uno de ellos. Su OM (motivador) podría ser: "Abarcaremos nuevas maneras de realizar su trabajo con mayor rapidez." O, "hablaremos de cómo proteger su salud y seguridad." O, "vamos a analizar el potencial de creación de utilidades para la compañía y para ustedes."

El cambio ocurrirá con mayor rapidez si los participantes creen que la reunión los afectará personalmente, en lugar de sólo ser una oportunidad para que usted ventile lo que piensa. La participación crea responsabilidad en el proceso de cambio. El auditorio necesita tener una sensación de ganancia como consecuencia de la reunión.

Fije la duración de cada punto del orden del día: evite desviarse del tema

Todos los grupos quieren alargar el tiempo. Una agenda cronometrada establece el apoyo del grupo para posponer los debates, remitir los problemas a los comités o interrumpir a los amantes del protagonismo.

Con comentarios como: "Para mantener el orden y salir de aquí a las diez en punto, me gustaría pedirle a Mary (o al grupo de mercadotecnia) que estudie este problema e informe acerca de él la próxima semana", o, "nos gustaría oír lo que tiene que decir, pero a fin de que el grupo salga a tiempo, tenemos que continuar", usted obtendrá la ovación y el apoyo del grupo.

Por otro lado, si una sesión para resolver problemas está saliendo muy bien, el grupo podría votar para continuar y posponer otro segmento del orden del día.

Cómo lograr que la junta sea interactiva

Las sesiones de tormentas de ideas en las reuniones mantienen interesados a los participantes y permiten que las mejores y más lucrativas ideas afloren a la superficie.

Charley Farley, presidente de Cohn & Wolf, una empresa de relaciones públicas de Atlanta, afirma: "Es importante no criticar a una persona o pensamiento en una sesión de ideas. Una sugerencia poco convencional puede generar 'la gran idea.' Anote todas las ideas en un rotafolios. Realice una votación de las tres principales al pedir a todos los asistentes que coloquen etiquetas autoadheribles de color en las tres opciones que prefieran. Lleve a cabo un análisis de las ventajas y desventajas de las ideas ganadoras. Cree un entorno abierto y propicio para las sugerencias. Las aportaciones del grupo generan un sentido de propiedad y los participantes asumen la responsabilidad de poner en práctica el proyecto o la idea."

Recapitulación y revisión

Jimmy Calano y Jeff Salzman, de la compañía de seminarios de capacitación Career Track, titulan sus reuniones: "Decisiones, dólares y fechas límite."

Al final de todas sus juntas asegúrese de que sus decisiones, dólares y fechas límite se realicen. Recapitule los planes de acción. Escríbalos en un rotafolios o pizarrón. Clasifique en orden de prioridad cada concepto. Después pida a los participantes que manifiesten cuál es su responsabilidad, los avances que pretenden lograr y las acciones que realizarán para la siguiente reunión. La presión que ejercen los colegas con respecto a promesas públicas produce acción.

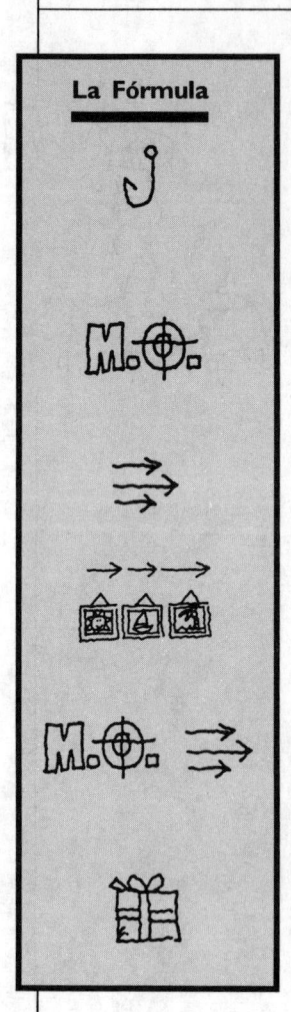

EL PAPEL DE LOS PARTICIPANTES

Dé un informe rápido

Los reporteros de televisión cuentan con un tiempo máximo de 90 segundos para dar su informe desde el ayuntamiento, la sede olímpica o el coliseo. Si ellos son capaces de hacerlo con las cámaras en modo de grabación, usted también puede.

Utilice la Fórmula. Todo el mundo le pregunta a Deborah Lane de Blue Cross-Blue Shield de Georgia y primera mujer presidenta de la Cámara de Comercio de Columbus, Georgia, cómo elabora esos informes tan concisos. Ella responde: "Utilizo la Fórmula."

Mediante la fórmula, su informe será concentrado, persuasivo y breve.

Obtenga el convencimiento antes de la junta

"Tenía que presentar un informe ante el Consejo", dijo Cheryl Stephenson, vicepresidenta adjunta de Southwire Company. "Temía que si las personas adecuadas no me respaldaban, nadie apoyaría la idea.

"Acudí a dos de los funcionarios encargados de la toma de decisiones antes de la reunión y pedí a cada uno de ellos que fueran mis instructores. Formulé tres preguntas. '¿Cuál era la realidad de la situación?' '¿Por qué otros estaban en contra?' Y, por último, '¿Qué se requeriría para que él apoyara la idea?'

"Todo el trabajo se realizó antes de presentar la idea. Al final de mi informe hubo pocos comentarios, buen apoyo y la idea se aprobó." Ganar depende de planear con anticipación.

CUESTIONARIO PARA UNA JUNTA

Anote un punto por cada vez que responda *sí* y dos puntos por cada *no*

SÍ	NO	
___	___	¿La junta empezó a tiempo?
___	___	¿Todos sabían de manera específica lo que debía lograrse en la reunión?
___	___	¿Se invitó a las personas adecuadas, y no a gente que no tenía relación con el asunto?
___	___	¿Se determinó la duración de los puntos del orden del día?
___	___	¿La reunión se mantuvo en el rumbo deseado?
___	___	¿Los participantes elaboraron informes concisos?
___	___	¿Convencieron de sus ideas?
___	___	¿Los apoyos visuales se utilizaron de manera eficaz en la junta?
___	___	¿La reunión terminó a la hora prevista?
___	___	¿El grupo salió de la reunión con un sentido de propósito y una clara comprensión de sus responsabilidades?

_____ + _____ = Total

Obtenga un 10 perfecto. Si sus reuniones califican 13 puntos o más, es posible que esté desperdiciando tiempo, lo cual no es rentable, y que no obtenga los resultados que desea alcanzar.

Preguntas que evitan cometer errores

En cuanto uno hace un comentario tonto en una reunión, desearía poder rebobinar la cinta. Evite esos episodios embarazosos frente a los funcionarios de alto nivel y presionar a los colegas, al aprender a formular preguntas en lugar de hacer comentarios.

Pregunte: "¿Existe alguna manera más rápida de lograr esto?", en lugar de hacer un comentario como: "Es la peor idea que he oído en mi vida." O pregunte: "¿Qué antecedentes hay sobre este problema?", en vez de estallar con: "La mayor parte de las compañías dejaron de hacer esto hace cinco años."

CELEBRE JUNTAS MEMORABLES

Tanto los líderes como los participantes tienen algo que aportar para realizar juntas memorables. Utilice la evaluación para las juntas, que aparece en la página 193, para hacer sus reuniones más interesantes y productivas.

RECAPITULACIÓN

OM: Aprovechar al máximo la reunión.

→ Tanto el líder como los participantes tienen algo que aportar para lograr que una reunión sea productiva.

→ Los líderes necesitan organizar, controlar y facilitar las cosas para alcanzar el éxito.

→ Los participantes se convencen de las ideas antes de que la reunión empiece y adquieren credibilidad a través de informes claros y concisos.

19

Las entrevistas de empleo podrían ser el principio de una relación de largo plazo

¡**S**encillamente irresistible! Preséntese a sí mismo como una adquisición muy valiosa para un patrón y convierta la entrevista de empleo en el principio de una relación de largo plazo. Mire con nuevos ojos sus logros y demuestre cómo su talento y energía pueden influir en el futuro del empleador.

La Fórmula es su mapa para la entrevista. La diferencia entre una presentación y una entrevista es la que existe entre una pelota de golf y otra de béisbol. En el golf, al igual que en una presentación, usted tiene el control. Debe llegar del punto de salida hasta el hoyo... y lo hace.

En el béisbol, como en una entrevista, el *pitcher* (o entrevistador) lanza la pelota. Usted reacciona. ¿La abanicará o anotará una carrera para su equipo? Al utilizar la Fórmula, usted cuenta con su OM (el principal beneficio para el empleador) y las tres características más fuertes que posee, a la mano. Preséntelas en la primera oportunidad ("Hábleme acerca de usted.") Responda a las preguntas subsecuentes al explicar un punto e ilustrarlo con un ejemplo y un resultado. En seguida encontrará cómo prepararse.

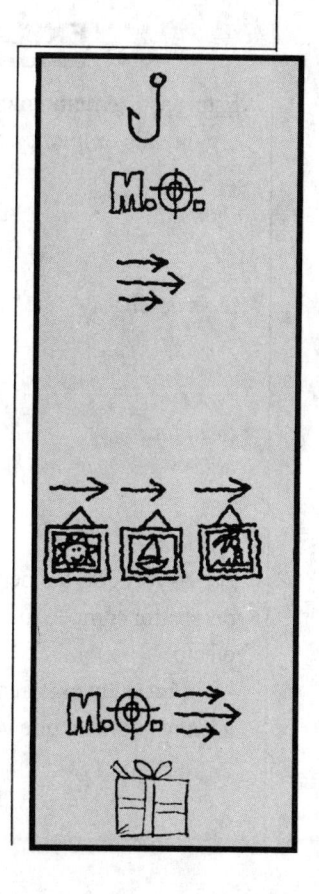

USTED ES EL PRODUCTO

Evalúe sus fortalezas y debilidades. ¿Qué puede aportar a la organización? ¿Es capaz de ahorrarle tiempo o dinero? ¿La ayudará a trabajar con mayor eficiencia? ¿Los clientes se sentirán satisfechos?

ORGANICE SUS CUALIDADES EN TRES PUNTOS FUNDAMENTALES

Haga un inventario de sus tres principales fortalezas y los beneficios que ofrecen al "comprador." En seguida, ofrezca ejemplos específicos para ilustrar las cualidades, como *bien organizado, confiable* y *capaz de entablar relaciones*.

EXPLIQUE UN PUNTO E ILÚSTRELO

Este paso genera interés y credibilidad. Si desea demostrar que usted es muy organizado empiece con:

Punto: "En mi empleo anterior era responsable de tres áreas financieras."

Ilustración: "Cada tercer mes, dos de las tres áreas tenían nóminas pagaderas el mismo día. Contraté dos empleados temporales y los enseñé a manejar las nóminas."

Resultado: "Como resultado, uno de ellos llegó a ser asistente de tiempo parcial y logramos reducir en un día el periodo utilizado para el proceso contable."

La mayoría de las personas son capaces de documentar un punto con facilidad y demostrar cómo lo manejaron. Es la prueba, el resultado de esa solución, lo que añade efecto.

Practique para sentirse seguro con varias ilustraciones específicas y orientadas a los resultados, que vendan los beneficios del producto... *usted*.

SUPERE LAS OBJECIONES

Prepárese para superar sus puntos débiles con ilustraciones (no pretextos) de cómo convertir una desventaja en una cualidad. Cuando solicitó empleo como mercadóloga en Blue Cross-Blue Shield, Rachel Carter revirtió su falta de experiencia en mercadotecnia al ilustrar su actitud dinámica y sus aptitudes para la investigación. Superó las objeciones y obtuvo el empleo.

CONOZCA A SU CLIENTE

Conozca todo lo que sea posible respecto a la compañía, sus empleados y la industria, dónde van a entrevistarlo. Llame con anticipación y solicité la información publicada de la compañía.

Hay libros en abundancia que contienen listas de las preguntas más comunes que surgen en las entrevistas; sin embargo, continúe buscando. ¿Conoce a alguien dentro de la organización? Indague acerca del entrevistador y obtenga un perfil de su personalidad. Trate de averiguar si los entrevistadores en esa compañía realizan *entrevistas de confrontación* para ponerlo a prueba en una situación hostil.

Practique con un amigo que le haga preguntas difíciles y comprometedoras. Cuando un entrevistador muy audaz preguntara: "¿Por qué deberíamos contratarlo a usted en lugar de a cualquiera de las otras diez personas a quienes entrevisté con anterioridad?", prepárese para explicar su punto e ilustrarlo con situaciones específicas y un resultado. Practique responder con paciencia para explicar su situación de una manera positiva.

DEFINA EL EMPLEO

"Consiga la definición del entrevistador respecto al candidato ideal", aconseja Bob Wilson, de Wilson McLeran, en sus talleres de entrevistas para solicitar empleos. Es posible que el puesto de *gerente de distrito* tenga el mismo título que su empleo anterior; sin embargo, las labores específicas a desempeñar en ese puesto tal vez sean diferentes.

Determine las necesidades del entrevistador al plantear preguntas. "Respecto al puesto, ¿cómo es el trabajo en la actualidad? ¿Qué le gustaría que se hiciera diferente en el futuro?"

Esto no sólo le hará comprender mejor el puesto, sino que permitirá hablar al entrevistador. La mayoría de la gente prefiere hablar a escuchar y éste es un factor muy importante para lograr establecer una relación. Su interés demuestra que busca progresar en su carrera, no sólo un empleo.

Con este conocimiento, estará en posición de presentar sus fortalezas y los ejemplos específicos orientados a los resultados de su trabajo en relación con los requisitos del empleador.

SOLICITE EL PEDIDO

Las entrevistas de empleo son como las visitas de ventas. Identifique las necesidades, demuestre su aptitud para satisfacer los requisitos del empleo, responda a todas las objeciones y entonces, si se trata de una buena posición, dígale al entrevistador que desea trabajar para la organización. Si no obtiene una respuesta positiva, solicite que le informen los obstáculos específicos para la oportunidad. Esto le dará la posibilidad de demostrar cómo una desventaja percibida puede convertirse en una ventaja.

Si la entrevista es positiva, pero no le ofrecen el empleo, solicite una asignación de prueba. Johanna Costa, asesora de negocios que trabaja para un despacho de contadores, aceptó una asignación temporal para realizar una investigación de mercado para una empresa en la que tenía interés antes de que el presupuesto fuera aprobado. Durante ese tiempo, tuvo la oportunidad de demostrar que no podían prescindir de ella.

LA PRESENTACIÓN ES IMPORTANTE

Por último, el buen arreglo personal, el lenguaje corporal elegante, el habla segura y la actitud mental positiva convencen. El entrevistador tiene que convencerse respecto a usted como persona, con el propósito de considerarlo como un posible empleado que representará adecuadamente a la organización. Cuando impartimos capacitación para entrevistas, encendemos la cámara para que los clientes vean la imagen que ellos proyectan al entrevistador.

Realice un ensayo ante la cámara con un amigo. (Véase la hoja de verificación para un ensayo en el capítulo 15.) ¿Transmite seguridad? ¿Habla en el tono propio de la conversación en lugar de mostrarse rígido? ¿Sus respuestas con tranquilizadoras? ¿Su amigo ha interpretado varios papeles para abarcar a diferentes tipos de entrevistadores? ¿Maneja las preguntas negativas con paciencia?

Ponga en orden su casa. Acepte una sugerencia de las agencias de bienes raíces: exhortan a sus clientes que desean vender sus casas a invertir en su apariencia, con el propósito de causar una buena primera impresión, que es de suma importancia, en los posibles compradores. La pintura saltada, los malos olores y los armarios en desorden causan muy mala impresión.

Si se prepara, transmitirá una apariencia relajada y segura y le dará al comprador la confianza de que usted es capaz de realizar el trabajo.

EXPLORE CON SEGURIDAD SI CUBRE EL PERFIL

Piense en la entrevista como si fuera una negociación, no un interrogatorio. Un joven abogado recomienda asumir una actitud de igual a igual.

"El entrevistador buscaba a la persona adecuada y yo buscaba el empleo adecuado. Nos entrevistamos mutuamente. Esta actitud implica seguridad. Tiene que estar interesado, pero también dispuesto a alejarse. Si parece desesperado, el empleador pensará que va a comprar una mercancía dañada."

"La seguridad radica en su presencia e interés en la compañía y en el entrevistador", afirma Lee Johnston, vicepresidenta de Recursos Humanos de Holder Corporation, una compañía constructora grande. "Buscamos potencial. El entrevistador debe buscar lo mismo."

RECAPITULACIÓN

OM: Presencia, preparación y una forma de expresarse positiva venden los beneficios que *usted* ofrece.

→ Usted es el producto. Presente sus cualidades para influir en el futuro en perspectiva del empleador.

→ Conozca a su cliente

→ Convierta una desventaja en ventaja.

20
¿Que quiere que haga *qué*? La oratoria improvisada

APRENDA A HABLAR BIEN, AUNQUE LE AVISEN CON UN MINUTO DE ANTICIPACIÓN

Siente que la tierra tiembla y el corazón da un vuelco. No es nada romántico. Se trata de puro pánico. En el instante en que oye que lo llaman por su nombre para presentar un informe o respuesta *impromptu*, usted respira entrecortadamente.

Impromptu significa sin preparar, sin planear, un accidente que busca un lugar para ocurrir. Es uno de los principales temores que nuestros clientes empresariales mencionan en los talleres. La Fórmula ofrece su ayuda como una de seguridad. Le ayudará a verse bien y a sonar confiado en una situación espontánea.

ESPERE LO INESPERADO

Pensar con los pies en la tierra es como jugar como jardinero en el béisbol. Un buen jugador conoce su posición, sigue al bateador y siempre espera la pelota. Al igual que en el béisbol, se requiere práctica.

Al estar alerta ante la posibilidad de que lo lancen a los reflectores, tendrá una actitud más confiada y segura. Cuando entre en la sala de juntas o recepción planee sus comentarios. ¿Sería posible que le solicitaran dar un informe, brindar por el invitado de honor o presentarse? Hágase estas preguntas: ¿Quién va a asistir? ¿Qué programa tienen? ¿Cuál sería mi meta si tengo que hablar? ¿Qué puedo ofrecerle al grupo?

SIGA LA ACCIÓN DEL JUEGO: ESCUCHE

Sólo hay algo peor que ser requerido para participar en una junta cuando no está preparado: que lo llamen cuando no está escuchando. Si su mente tiende a divagar, tome notas.

TRACE UN PLAN DE RESPUESTA PARA TENERLO A LA MANO

Cuando oiga: "Harry, es tu turno de brindar por nuestro nuevo chico prodigio a quien recientemente ascendieron", utilice la Fórmula. Haga una pausa. Organice con prontitud sus comentarios en un beneficio y uno, dos, o tres puntos. No trate de abarcar todo. Su información será más sencilla de seguir si cuenta con un marco básico.

Empiece un informe inesperado con un beneficio. Después presente de manera preliminar sus puntos clave: "Para ayudarlos a planear su programación, permítanme actualizarlos sobre el proyecto Z. Información acerca de tres aspectos: quiénes participan, la situación del presupuesto y cuándo se concluirá el proyecto."

Proporcione unos cuantos detalles acerca de cada punto. Utilice la misma técnica cuando alguien le pida su opinión respecto a una película, la legislación fiscal o la jubilación de sus compañeros de trabajo.

SUS COMENTARIOS DEBEN SER BREVES

A menudo, los oradores carecen de la confianza en su habilidad de expresarse, así que divagan y convierten una respuesta de tres minutos en un monólogo de diez. Adquiera la seguridad para saber cuándo terminar. Las tangentes constituyen desviaciones alrededor de una conclusión oportuna.

Las presentaciones personales en una reunión desatan ensayos mentales sin fin de la familiar: "Me llamo Janet

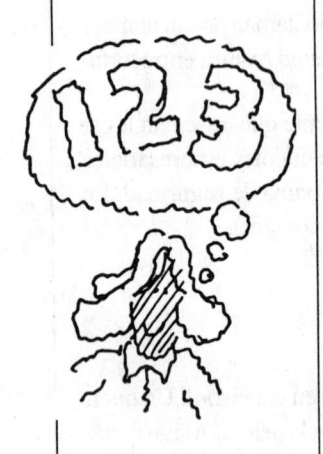

Coleman, soy editora de libros de negocios." Considere una adición corta que permita al grupo conocerlo y suscite una conversación futura. "Soy de _____" o "En la actualidad, trabajo en la edición de un _____ [un libro que atañe a los intereses del grupo]

> Siga el sabio consejo de Franklin Delano Roosevelt: "Sea sincero, sea breve, siéntese."

HABLE CON CLARIDAD

Una presencia segura de sí misma en una situación improvisada genera credibilidad. Una vez que determine qué decir, concéntrese en cómo decirlo:

Cuando oiga: "Jane, di unas cuantas palabras acerca de nuestro nuevo vicepresidente":

Sonría para resaltar su confianza personal.

Haga una pausa para darse tiempo para pensar.

Siéntese erguido y hacia adelante, si está sentado, a fin de parecer interesado y en control.

Establezca contacto visual para sentir que se dirige a una sola persona en lugar de a muchas.

Añada energía a su voz y hable con convicción.

Concentre y abrevie su respuesta. No recurra a quejarse o a disculparse por su aptitud deficiente para hablar. Nadie quiere oír excusas.

RECAPITULACIÓN

OM: Espere lo inesperado.

→ Planee con anticipación; concéntrese en el contenido.

→ Haga comentarios breves.

→ Sonría. Una sonrisa oculta el momento de pánico.

Si después de leer este libro tiene alguna pregunta o le gustaría conocer más acerca de Speechworks, escriba, llame por teléfono, envíe un fax o un mensaje por correo electrónico, o bien visite nuestra sede en la World Wide Web.

Speechworks
3353 Peachtree Road NE; Suite M30
Atlanta, GA 30326
(404) 266-0888
(404) 364-3490 (Fax)
spchwks@netdepot.com (Correo electrónico)
www.speech-works.com (Sede en la World Wide Web)

Apéndice A

Cómo curar un caso común de ataque de ansiedad (y otras manifestaciones de nerviosismo)

Se cuenta que *sir* Laurence Olivier solía vomitar antes de cada estreno teatral. *Sentirse nervioso es normal.* Es el temor a lo desconocido; es esa vocecita persistente en cada uno de nosotros que chilla: "Voy a olvidar lo que quiero decir." O: "Voy a tartamudear." O: "Sólo voy a hacer el ridículo." O: "Voy a hacerlo terriblemente mal." Una vez que el temor se apodera de uno, es posible convertirlo fácilmente en un enorme bloqueo autodestructivo.

MANIFESTACIONES FISIOLÓGICAS DE NERVIOSISMO Y CÓMO CONTROLARLAS

Mariposas   Coma ligero antes de una presentación; beba agua sin hielo.

Boca seca   ¡Muérdase la lengua! Provocará la salivación.

Voz aguda   Respire y deje caer la mandíbula para relajar los músculos de la voz. Practique hablando en voz alta con un lápiz entre los dientes, con el propósito de fortalecer los músculos de la laringe y hacer más grave una voz aguda.

Rodillas temblorosas	Grabe en vídeo su presentación. Verá que ese temblor no se nota. Espere y acepte esta situación y persevere.
Mente en blanco	Establezca contacto visual. Tal vez recorra con la mirada las cabezas de las personas y reciba imágenes que lo distraigan. Hable con una sola persona en el público a la vez, ofrezca a cada una un pensamiento o idea, durante dos o tres segundos.
Además, ¡respire!	La mente en blanco puede ser provocada por la falta de oxígeno al cerebro.
No trate de impresionar	No trate de impresionar. El objetivo es relacionarse y hacer que su auditorio se sienta cómodo. No recurra al uso de tecnicismos: Ronald Reagan hablaba ante los miembros de su público como si fueran sus vecinos.
Nerviosismo al iniciar	Aprenda de memoria la frase sencilla del principio. Dígala con energía. O empiece con una pregunta para que el auditorio responda. O sostenga algún objeto de utilería. Concéntrese en él para iniciar la charla.
No tema al ridículo	¡Corra riesgos y tome la delantera! Asumir los riesgos es una muestra de liderazgo. Prepárese. Hable con convicción, sinceridad y entusiasmo. Aquellos que piensan que el dinamismo es peligroso y que el aburrimiento es mejor no irritan, pero tampoco establecen contacto con el público.
Latidos fuertes del corazón	Ponga en práctica la maniobra Valsalva. Consulte la descripción de este ejercicio en el Capítulo 6, "Transforme el pánico escénico en energía para la presentación".
Rubor encendido	Esta condición fisiológica afecta a la personalidad de televisión Deborah Norville. Siéntase agradecido de tener color en el rostro y no parecer una lánguida flor. Use una camisa

	color rosa para reducir el efecto de esta condición.
Balanceo	Utilice la energía nerviosa que provoca el balanceo para moverse. Dé unos cuantos pasos. Emplee el cuerpo. Destaque los puntos importantes con ademanes firmes. Se dice que, detrás del podio, John F. Kennedy controlaba el problema del balanceo al apoyar los pies en el borde externo de los zapatos.
Manos temblorosas	Clave la uña del pulgar en la palma. Sosténgala unos cuantos minutos. Cuando termine, la mano estará relajada y le permitirá sostener un objeto o indicador sin temblar.
Voz temblorosa	Haga una pausa, respire y diga con convicción su línea inicial, bien planeada y ensayada. Lo ayudará a superar la etapa de la voz quebrada al inicio de la presentación.
Falta de aliento	Es el resultado de respirar de manera superficial desde el pecho. Respire hondo desde el abdomen. Inhale antes de empezar. Haga una pausa y respire al final de una idea.
Palmas sudorosas	Es conveniente tener un pañuelo en el bolsillo.
Hablar demasiado aprisa	No es que hable demasiado aprisa, en realidad corre de una oración a otra en su prisa por terminar. *¡Haga una pausa!* Respire y cuente en silencio hasta tres al final de cada idea. Coloque un indicador autoadherible de *pausa* en sus notas.

Apéndice B

Utilización de la Fórmula: presentación de seminarios

El presente es un resumen de un seminario impartido por los asesores de administración de Kurt Salmon Associates (KSA) en una conferencia industrial. KSA creó el escenario y su cliente, una revista nacional que se publica todos los meses, relató su experiencia para manejar el proceso de cambio.

Este seminario demuestra el uso de la Fórmula con subtemas en una presentación de 45 minutos. El tema es el manejo del cambio de una manera oportuna y rentable.

Los asesores de Kurt Salmon Associates ofrecen conferencias más de 50 veces al año, a menudo con un cliente. En estas conferencias, comparten su experiencia y forman relaciones que generan negocios.

RESUMEN DEL SEMINARIO DE KSA

Elija cuatro letras para formar una palabra:

U L A T R N R A T T   (LANA)

Elimine cuatro letras para formar una palabra:

T P O L Á T G A N F O   (PLÁTANO)

Giro paradigmático: La necesidad de ver las cosas de diferente manera y realizar los cambios necesarios para el crecimiento y el éxito.

RESUMEN DEL SEMINARIO DE KSA *(continuación)*

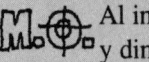

Al instrumentar los cambios de manera eficaz, ahorrará tiempo y dinero.

1. Planee el cambio.
2. Comunique el cambio.
3. Administre el cambio.

---

1. Planee el cambio.
   a. Cambio tecnológico
   b. Cambio administrativo
   c. Cambio de la organización

---

a. Planeación del cambio tecnológico
   Planee un paso clave de instrumentación con meses de anticipación a la fecha límite de su negocio.
   Ejemplo: Instrumente el sistema de suscripción a la revista con base en cliente-servidor.

b. Planeación del cambio administrativo
   ✔ Durante la transición a la nueva administración, decida quién será responsable de la administración cotidiana.
   ✔ El funcionario que va a salir de la empresa debe participar en la capacitación del nuevo administrador.
   Ejemplo: La transición de once administradores expertos a un funcionario experto que dirige a siete administradores sin experiencia.

c. Planeación del cambio en la organización.
   Planee un cambio en el personal para alentar la aceptación de la tecnología.
   Ejemplo: La transición de 800 empleados de tiempo completo a 400.

RESUMEN DEL SEMINARIO DE KSA *(continuación)*

Recapitulación del punto 1: Planeación
    a. Tecnológica
    b. Administrativa
    c. En la organización

_____

2. Comunique el cambio
    a. Planee su comunicación
    b. Sea redundante
    c. Prepare al mensajero

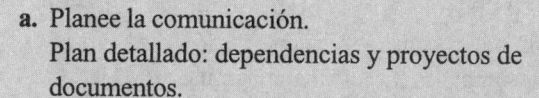

_____

    a. Planee la comunicación.
    Plan detallado: dependencias y proyectos de documentos.
    Ejemplo: Cómo la revista comunicó los cambios en los procedimientos.

    b. Sea redundante
    Diga, diga, diga: sea repetitivo
    Ejemplo: Describa el lanzamiento de un equipo de trabajo.

    c. Prepare al mensajero
    Elabore una lista de preguntas y respuestas sobre los principales puntos de comunicación.
    Ejemplo: (Preparación de preguntas y respuestas.) Creación de la revista y ensayo de la sesión de preguntas y respuestas para apoyar un programa.

_____

Recapitulación del punto 2: Comunique el cambio
    a. Planee su comunicación
    b. Sea repetitivo
    c. Prepare al mensajero

_____

3. Administre el cambio
    a. Inicie el proceso
    b. Recompense a los empleados que mejoren

RESUMEN DEL SEMINARIO DE KSA *(continuación)*

a. Inicie el proceso
   Construya una plataforma de lanzamiento. Salte al agua o húndase con la plataforma.
   Ejemplo: Establezca las metas y lleve un registro del desempeño de los objetivos de la misión.

b. Recompense a los empleados que mejoren
   Evite las recaídas al recompensar a los empleados por su continuo mejoramiento.
   Ejemplo: Ponga en práctica el cambio de procedimientos. Un operador hace funcionar dos máquinas de procesamiento de remesas.

   Sin recompensa = recaída
   Recompensa = reafirma el cambio

   Recapitulación del punto 3: Administre el cambio
   a. Inicie el proceso
   b. Recompense a los empleados que mejoren

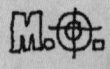

Ejecute el cambio con eficacia para sobrevivir y beneficiarse.

1. Planee el cambio

2. Comunique el cambio

3. Administre el cambio.

Resultados en el renglón de rentabilidad.

Apéndice C

Utilización de la Fórmula: presentación del orador

Utilice la Fórmula para crear una presentación eficaz. El abogado Horace Sibley Sr., socio de King & Spalding, presentó a A. D. Frazier, director ejecutivo de la Centésima Olimpiada. Los puntos de la presentación consistieron en las tareas de Frazier y un ejemplo específico de sus logros describió por qué valía la pena escucharlo.

> **Presentación de A. D. Frazier Jr. ante el Club Rotario de Atlanta - Lunes, 15 de abril de 1996**
>
> Imagine esta escena: Hace exactamente cinco años. Tiene 47 años de edad. Es el vicepresidente ejecutivo del First Chicago Bank y tiene responsabilidades nacionales. Terminó con éxito sus estudios universitarios en la universidad estatal, la Universidad de Carolina del Norte; ha tenido una carrera exitosa en el C&S National Bank en Atlanta; encabezó el equipo que organizó las actividades de la Casa Blanca y la Oficina Ejecutiva del Presidente Jimmy Carter y atiende a la comunidad de Chicago en varios Consejos de Administración muy importantes, que comprenden al Evanston Hospital, la oficina regional de Public Broadcasting Corporation, la Northwestern University, el Museo de Ciencias e Historia, la Lyric Opera. En resumen, es inmensamente feliz y su carrera continúa en ascenso.

Presentación de A. D. Frazier Jr. ante el
Club Rotario de Atlanta - Lunes, 15 de abril de 1996
(continuación)

De pronto, he aquí que llega de Atlanta un abogado con ojos soñadores y le pide organizar la celebración de los Juegos Olímpicos de Atlanta. Asegura que es un trato maravilloso, que va a encantarle, ya que podrá buscar los ideales griegos de armonizar cuerpo, mente y espíritu y congregar a las naciones del mundo en amistad.

Todo lo que tiene que hacer es recaudar más o menos 1,500 millones de dólares, construir o adquirir y operar aproximadamente 30 instalaciones deportivas y emplear o administrar alrededor de 60,000 empleados y voluntarios. Estará a cargo de Finanzas y Administración, Operaciones, Programas olímpicos, Deportes, Proyectos de capital y Construcción.

Además, por cierto, cuenta con cinco años para realizar el trabajo y no hay compromiso de empleo después de los Juegos.

El liderazgo de A. D.

Ése es el panorama y, por supuesto, el hombre era A. D. Frazier. Fue una suerte que A. D. Frazier asumiera ese gran riesgo y decidiera enfrentar otro desafío enorme.

No hubiera sido posible encontrar un mejor administrador para un proyecto y una organización tan complejos.

→ A. D. ha sido capaz de integrar un grupo diverso de administradores y voluntarios en una organización muy motivada y eficaz.

→ Desde el principio, A. D. estableció una visión clara de una organización privada y financieramente sólida para producir una Olimpiada como jamás se había visto, a tiempo y dentro de los límites del presupuesto.

→ Estableció con rapidez las funciones lógicas, seleccionó a los administradores más expertos y capaces y fijó metas y fechas límite claras y alcanzables.

Presentación de A. D. Frazier Jr. ante el
Club Rotario de Atlanta - Lunes, 15 de abril de 1996
(continuación)

Como ejemplo de su triunfo, A. D. negoció personalmente muchos de los principales contratos requeridos para lograr unos Juegos Olímpicos exitosos, que incluyeron el convenio con los Bravos para usar el estadio, una venta de derechos de transmisión de 100 millones de dólares a la cadena de televisión Japanese Broadcasting y recientemente concluyó el Acuerdo de Servicios para la ciudad. Mientras tanto, atendió en persona a un torbellino de intereses externos, que abarcaron mano de obra, varios grupos minoritarios, los discapacitados y diversos niveles de instituciones políticas. A. D. ha guiado una nueva organización por las aguas turbulentas de costas inimaginables, de acuerdo con un código de ética más fuerte que cualquiera de los que nuestras organizaciones han tenido noticia y con el esfuerzo de igualdad de oportunidades económicas más exitoso de Estados Unidos. Para lograrlo, ha tenido que trabajar casi todos los días, durante los últimos cinco años, jornadas que empiezan a las 6 de la mañana y que a menudo concluyen a la medianoche.

Simplemente, Atlanta no podría tener a una persona más brillante, apta y dedicada para conducir las operaciones de los Juegos Olímpicos.

Por tanto, constituye un placer especial presentar a un verdadero héroe olímpico: A. D. Frazier.

Índice

Aaron, Hank, y el gancho, 33
actitud, 86-87
ademanes, 108
   ejemplos, 110
   ejercicio, 146-147
apoyos visuales, 159-160
   demostración, 55
   ejemplos, 54
   objetos de utilería, 55
   opciones de medios, 63
   puntos, 57-58
   viñetas, 52
auditorio
   interacción con, 170
   meta, 167-68
   participación, 178-79

bocetos de secuencias, 59-61
Britton, Josephine, y las distracciones, 132-133
Brokaw, Tom, y pruebas, 38

Capiello, Frank
   gancho, 32
   testimonio, 40
Carlson, Ron, 37
Carnegie, Dale, y pruebas, 37-38
Carter, Jimmy, y expresión facial, 102

Carter, Rachel, y entrevistas, 199
cierre, 160
cintas de vídeo, y práctica, 143-48
conclusión, 45. *Véase también* cierre
consejo del crimen, 68
contacto visual, 99-101
   ejercicio, 146
Costa, Johanna, y entrevistas, 200
Courson, Gardner, y apoyos visuales, 64, 159
Covey, Steven, y citas, 40
credibilidad, 158-59
Cruz, Sergio, y presencia, 94-95
Crystal, Billy, y ejercicios, 87
Curry, Bill, y preparación, 162
Churchill, Winston, y actitud, 87

Daniels, Stanley, y credibilidad, 158-59
demostraciones, 55
distracciones
   físicas, 131-32
   psicológicas, 132-33
   verbales, 132
Dodd, Marie, e interacción con el auditorio, 181-82
Dover Handbook of Pictorial Symbols, 61
Dyck, Sara, e ilustraciones, 61

ejercicio, 87-88
ensayar, 78
ensayo, 162-64. *Véase también* práctica
envíos por correspondencia, devoluciones, 168
Equifax, y el gancho, 32-33
escucha, 26-27
evaluación, 170-73
expresión facial, 102-3
   ejercicio, 145-46
Exxon *Valdez*, preguntas, 70

facial, expresión, 102-3
Farley, Charley, y juntas interactivas, 191
Flanagan, Alvin, y práctica, 62
Fortune, Char, e interacción con el auditorio, 183

gancho, el, 31-32
Garber, Steven, y nervios, 83-84
Georgia Pacific, 9
gráficas, 58-59
   por computadora, 61-62
Grammer, Kelsey, y la pausa, 123
Gregory, Greg, y apoyos visuales, 56
guías de estudio, 169
Gumbel, Bryant, y contacto visual, 100

Hall, Doug, e interacción con el auditorio, 184
Handbook, The, 55
Hanks, Tom, y nervios, 84
Hewitt, Don, y pruebas, 39
Holder Corporation, y entrevistas, 201
Hope, Bob, y evaluación del oyente, 27
Hume, James, y la sencillez, 44

idoneidad, 87-88
instructor de Speechworks, 18-20

Johnston, Lee, y entrevistas, 201
juego de las pruebas, 42
Jump Start Your Brain, 184
juntas
   cuestionario, 193
   orden del día, 189

King & Spalding, y presentaciones, 217-19
King, Larry, y preguntas, 72
Kissinger, Henry, y preguntas, 67
Kurt Salmon Associates, 213-16
   presencia, 94-95
   y el gancho, 33, 213

Lemmon, Betty, 8
lenguaje corporal, 21-22
   contacto visual, 99-101
   ejemplos, 110
   ejercicios en vídeo, 144-146
   movimiento, 109
   presencia, 91-92
   técnicas básicas, 77
lenguaje, 44
Levow, Renee Brody
   correo directo, 167
   objetos de utilería, 55
Liss, Bill, y práctica, 143
lista de verificación, seminarios, 172
Lucas, Carr, y la conclusión, 47

maniobra Valsalva, 88
Marcus, Pat, y micrófonos, 137-38
materiales gráficos
   por computadora, 61-62
   Véase también apoyos visuales

materiales, 62
McColl, Hugh, y presencia, 91
McCullough, Rick, 5
McElroy, Billy, y pruebas, 38-39
Media Management Strategies, 5
Mehrabian, Dr. Albert, y el lenguaje
    corporal, 77
Money Management Seminars, 168

nervios, soluciones para, 209-11
Nizer, Louis, y nervios, 84-85

Objetivo del mensaje, 34, 157-58
objetos de utilería, 55
Onassis, Aristóteles, y preparación,
    85-86
Orben, Robert, y juntas, 189
oyente
    conocimiento del, 26
    evaluación del, 26-27

Patton, Guy, y preguntas, 69-70
pausa, ejercicios para, 124-25
persuasión, 7
Petty, Lisa, y el gancho, 32-33
Pike, Bob, e interacción con el
auditorio, 170
Plumeri, Joe, y la voz, 116
práctica, 62-64
    ejercicio en vídeo, 144-48
    presentación en equipo, 162-64
preguntas
    en presentaciones en equipo, 161
    ensayo, 68-69
    inicio de la sesión, 70-71
    lenguaje corporal, 73
preparación, 85-86
    micrófono, 137-38
presencia, y lenguaje corporal,
    91-92

presentación
    en equipo, 156-57
    interactiva, 181-86
    lenguaje corporal, 21-22
    muestra, 17-18
    organización, 15-17
presentación
    técnicas básicas, 77
    Véase también lenguaje corporal
Primerica Financial Services,
    116
pruebas, 16, 37-42

Rasor, John, 9
Reagan, Ronald, y preguntas, 69
recapitulación, 45
Reilly, Madison, y el gancho, 33
Reiman, Joey, y demostraciones,
    55
Robins y Morton, 5

Schwarzkopf, General Norman, y
    preguntas, 69
seguimiento, 173
seguridad, y entrevistas, 201
Seinfeld, Jerry, y nervios, 83
Sesenta Minutos, 39
Sharpe, Guy, y apoyos visuales, 52
Shaw Industries, y pruebas, 38
Shipley, Steve, y micrófonos,
    137
Sibley, Horace, Sr., y la presentación,
    217-19
Silverstone, Alicia, y la voz, 117
Stephenson, Cheryl, y juntas, 192
Susteren, Greta Van, y lenguaje, 44

talento, 6-7
Thomas, Helen, y distracciones,
    131

transiciones, 43
Twain, Mark, y la pausa, 127

Utilería, objetos de, 55

voz
   ejercicios, 118-19
   femenina, 115-16
   inflexión, 117
   masculina, 116

micrófonos, 138-39
ritmo, 114-15
variedad, 113-14
Wall Street Week, y el gancho, 32
Wilson, Bob, y entrevistas, 199-200

You Are the Message (Roger Ailes)
   distracciones, 131
   nervios, 83
   voz, 118

le ofrece:

- ✔ Administración
- ✔ Computación
- ✔ Contabilidad
- ✔ Divulgación Científica
- ✔ Economía
- ✔ Electrónica
- ✔ Ingeniería
- ✔ Mercadotecnia
- ✔ Negocios
- ✔ Nueva Tecnología
- ✔ Textos Universitarios

---

publicando las realidades del mañana

A Simon & Schuster Company

Gracias por su interés en este libro.

Quisiéramos conocer más a nuestros lectores. Por favor complete y envíe por correo o fax esta tarjeta.

Título del libro/autor: _____
Adquirida en: _____
Comentarios: _____

❑ Por favor envíenme su catálogo de libros de negocios, estoy interesado en libros de las áreas:

- ❑ Ventas/Mercadotecnia
- ❑ Finanzas/Contabilidad
- ❑ Administración
- ❑ Economía
- ❑ Productividad/Calidad
- ❑ Recursos Humanos
- ❑ Gerencia
- ❑ Interés General

Mi nombre: _____
Mi compañía: _____
Puesto: _____
Domicilio casa: _____
Domicilio compañía: _____

Tenemos descuentos especiales para compras corporativas e institucionales.

Para mayor información de nuestros títulos llame al (525) 358-8400
Por favor, llene esta tarjeta y envíela por correo o fax: (525) 357-0404,   COMPUSERVE 74777,62
Página web http://www.prentice.com.mx

Prentice-Hall Hispanoamericana, S.A.
División Computación / Negocios
Calle Cuatro No. 25, 2o. piso
Col. Fracc. Alce Blanco
53370 Naucalpan de Juárez, Edo. Méx.
MÉXICO